GRANDES RESTAURANTES

LES ÉTOILES DE PARIS

Edición, Diseño y Producción
EDITION, DESIGN AND PRODUCTION

Autor (características gráficas): Fernando de Haro & Omar Fuentes
AUTHOR (GRAPHIC DESIGNER CHARACTERISTICS)

Autor (compilación de contenido): Fernanda Batiz de Bazire
AUTHOR (TEXT COMPILER)

Dirección del Proyecto: Valeria Degregorio
PROJECT MANAGER

Fotografías: Ignacio Urquiza
PHOTOGRAPHY

Producción Fotográfica: Laura Cordera, Bénédicte Paszkiewicz & Ignacio Urquiza Seoane
PHOTOGRAPHIC PRODUCTION

Texto Original: Fernanda Batiz de Bazire & Claude-Henry du Bord
ORIGINAL TEXT

Corrección de estilo: Guillemete Mauren, Angela de Steiner & Abraham Orozco
COPY EDITOR

Traducción al Español: Marta Gegúndez (IFAL)
SPANISH TRANSLATOR

Traducción al Inglés: Christel Kopp (IFAL)
ENGLISH TRANSLATOR

Colaboradores: Martha P. Guerrero & Raphaélle Bazire
CONTRIBUTORS

© 2003, Fernando de Haro & Omar Fuentes
© 2003, Fernanda Batiz de Bazire

AM Editores, S.A. de C.V.
Paseo de Tamarindos #400B suite 102,
Col. Bosques de las Lomas, C.P. 05120, México D.F.
Tel. 52 (55) 5258-0279 Fax. 52 (55) 5258-0556
e-mail: ame@ameditores.com   www.ameditores.com

ISBN 968-5336-24-5

Impreso en Hong Kong.

NOTA DEL EDITOR:
Las recetas y cantidades presentadas en este libro, fueron otorgadas a la autora por los chefs involucrados en la obra.

EDITOR'S NOTE:
Recipes and quantities in this book were given to the author by the respective chefs.

CONTENIDO - CONTENTS

LAS ESTRELLAS DEL PLACER

STARS OF PLEASURE

"Los dioses también están en la cocina", respondió Heráclito, al que iban a consultar visitantes sorprendidos de encontrarlo familiarmente instalado cerca del horno donde se estaba cociendo el pan.

El descubrimiento de *Las estrellas de París* es una invitación a pasear a través de una ciudad fascinante donde el pasado se mezcla con los tiempos modernos, inmersos en una vida trepidante. Salga a caminar pues alrededor de los jardines del Palais-Royal o por el patio del Louvre, en él descubrirá las columnas de Buren y una pirámide de cristal. El corazón de la ciudad repiquetea con novedades alimentado por la ola de paseantes que se renueva sin cesar. El encanto de París reside en la capacidad que tiene para adaptarse siguiendo el ritmo del mundo sin perder nada de su humanidad. Uno se nutre con su belleza, con los edificios y monumentos restaurados... hasta con la música que se escapa de las puertas de las iglesias. La búsqueda de la receta de esa armonía misteriosa me llevó a comprender que París sabía aliar la pasión al trabajo de los hombres y su sensibilidad a su curiosidad.

Entrar en un gran restaurante parisiense es entrar en un templo del placer que da sentido a la palabra *perfección*. Ni el menor detalle se deja al azar. Cada día es un desafío para el chef. Cuando llega a su cocina, se apoya en su equipo, lo educa, lo dirige y le comunica su pasión. A ellos les corresponde comprenderlo, viviendo al unísono con los hornos. El resultado final es la simbiosis de una empresa humana en la cual cada uno da, dos veces al día, lo mejor de sí mismo. Su sensibilidad se lee, se degusta, se saborea.

Todos los grandes chefs han recibido la misma formación, la misma disciplina en el curso de diez años pasados en el aprendizaje de las bases de la cocina clásica. Todos los grandes chefs han aprendido también a abrirse al mundo, a amar y respetar el producto básico, a escoger a sus proveedores, a domesticar la naturaleza que los inspira cuidándola, cortejándola para que subyugue en lo hondo de un plato y dé al comensal una satisfacción casi sin igual. La historia de la cocina es una historia de amor entre el hombre y la naturaleza, con el hombre y con la naturaleza. La sensibilidad del chef constituye su ingenio. La facultad que tiene de cuestionarse lo hace creativo. Un cocinero no se duerme nunca en los laureles ni en las estrellas. Todo recomienza, cada día, con amor y paciencia. No solamente debe conservar sus estrellas, sino ser digno de ellas, realizar cada mediodía, cada noche, una nueva hazaña, un nuevo prodigio. Cuando ya no tiene ideas, el chef se retira, pasa la estafeta a un aprendiz al que ha preparado para el futuro a fuerza de exigencia y de rigor. Porque su papel es también el de un formador que asegura la transmisión de su saber y de sus pasiones para que nunca se pierda el arte de cocinar.

A principios del siglo XIX, un gran chef autodidacta, Carème, fue el primero en transmitir su ciencia en el extranjero en las cortes reales e imperiales. Se había dejado inspirar por la arquitectura cuando trabajaba con Bailly, gran repostero de su tiempo. Descubierto por Talleyrand, había acabado codeándose con los grandes de ese mundo, cociendo a fuego lento platillos para los soberanos de Inglaterra y Rusia.

"The Gods are also in the kitchen", would answer Heraclitus, from whom visitors came to seek advice, astonished to find him familiarly settled close to the oven where the bread was baking.

The discovery of the Stars of Paris is an invitation to walk through a fascinating city where the past mixes with modern times, immersed in a hectic life. So stroll around the gardens of the Palais Royal or through the courtyard of the Louvre, and you will discover there Buren's columns and a glass pyramid. The heart of the city, fed by a stream of passersby that is constantly renewed, throbs with novelties. The charm of Paris is the city's capacity to adapt in following the rhythm of the world without losing any of its own humanity. One is nourished by its beauty, by its restored monuments and buildings... even by the music issuing from the church doors. The search for the recipe for this mysterious harmony led me to understand that Paris knew how to combine passion with men's work, and their sensitivity with their curiosity.

To enter a great Parisian restaurant is to enter a temple of pleasure that gives meaning to the word "perfection". Not even the least detail is left to chance. Every day is a challenge for the chef. When he arrives at his kitchen, he relies on his team, trains them, directs them, and transmits his passion to them. It is up to them to understand him, living in unison with the stove. The final result is the harmony of a human enterprise in which, twice a day, each one gives the best of himself. His sensitivity can be read, tasted and savored.

All the great chefs have in fact had the same training, the same discipline during the ten years spent in learning the basics of the cuisine classique. All the great chefs have also learned to open up to the world, to love and respect the basic product, to choose their suppliers, to tame the nature that inspires them by taking care of it, courting it so that it can captivate from the bottom of a bowl, and give the guest an almost unequalled satisfaction. The history of cuisine is a history of love between man and nature, with man and with nature. The chef's sensitivity makes up his genius. His faculty to question himself makes him creative. A cook never rests on his laurels nor on his stars. Everything must begin again, every day, with love and patience. He must not only retain his stars but also be worthy of them, accomplish a new exploit, a new marvel,

Torre Eiffel

Hoy puede comparársele con un Guy Martin o un Senderens, proveedores de delicias a Estados Unidos o a Japón. El gusto no tiene fronteras, como tampoco es patrimonio de una élite. Recuerdo así a aquel taquillero cuya felicidad consistía en cenar una vez al año en un restaurante de tres estrellas, e incluso a Alain Senderens recibiendo a una decena de jóvenes que habían roto su alcancía para regalarse un gran restaurante: conmovido por su sensibilidad, impresionado por su atracción por las cosas buenas y bellas, el chef los invitó.

"El gusto se educa." El comensal se sienta a una mesa habiéndose preparado para ello. Para quedar satisfecho, es necesario que se deje tocar, que mantenga despiertos todos sus sentidos, que esté completamente disponible y dispuesto a conmoverse. Con esa condición reconocerá la firma de un Savoy, de un Martin o de un Pacaud. Goloso o sibarita, si es sensible a la gran cocina, es que fue educado. La cocina es como la vida, está en movimiento perpetuo. Hay que estar al día, ver a la gente vivir y adaptarse al mundo exterior. El cocinero que se quedara detrás de sus hornos no vería evolucionar su arte.

"La cocina es una forma de expresión muy particular: alimenta el espíritu, pero también el cuerpo", afirma Guy Martin. Si la música lo condujo a la cocina, son los lienzos de los maestros los que lo inspiran en la elección de sus productos. Así como la naturaleza es la musa del pintor, que la música nació del soplo del aire en las cuerdas de Pan, el chef es sensible a los ingredientes, a la verdad y la belleza de los productos que transforma con amor para nuestra máxima felicidad. Como un pintor, el chef juega con su paleta para alcanzar la perfección.

El lector está invitado al descubrimiento de un París desconocido, de un París que yo creía definitivamente balizado, pero que aprendí a ver de otra manera, a través de su pasado, de su presente y de la alegría de degustar. He aquí que París, tan antiguo, tan joven y siempre en movimiento, se les ofrece. A ustedes corresponde descubrir sus estrellas, su cocina, y encontrar en ellas el mayor de los placeres.

Fernanda Bazire y Aymeric Rouillac

every noon and every evening. When he runs out of ideas, a chef retires, hands over the reins to his apprentices, whose future he has prepared, by being demanding and strict - because his role is also that of a trainer, ensuring the transmission of his knowledge and his passions, so that the art of cooking may never be lost.

At the beginning of the 19th century, a great self-taught chef, Carème, was the first to transmit his science abroad, in royal and imperial courts. He had been inspired by architecture while he was working with Bailly, a great pastry cook of his time. Noticed by Talleyrand, he had ended up rubbing shoulders with the great of this world, simmering dishes for the sovereigns of England and Russia. One can today compare him with a Guy Martin or a Senderens, a supplier of delights to the United States or Japan. Taste does not have any borders, any more than it is the prerogative of an elite. In this vein, I remember a little teller whose happiness was to dine once a year in a three-star restaurant, or again Alain Senderens receiving about ten young people who had smashed their piggy bank to be able to afford a fine restaurant: touched by their sensitivity, impressed by their attraction for good, beautiful things, the chef had then treated them to their meal.

"Taste is taught." The guest sits down to a table being prepared for it. In order to feel gratified, he must allow himself to be affected, he must keep all his senses awake, be entirely prepared and ready to be moved. This is the only way he will recognize the signature of a Savoy, a Martin or a Pacaud. Gourmand or gourmet, if he is sensitive to great cuisine, it is because he has been educated to it. Cuisine is like life, in perpetual motion. One must keep up to date, watch how people live and adapt to the outside world. The chef who remains at his stove would not see his art evolving.

"Cuisine is a very particular form of expression: it feeds the spirit but also the body," maintains Guy Martin. If music led him to cookery, the canvases of the masters are what inspire him in the choice of his products. Just as nature is the painter's muse, and music was born of the breath of wind in the strings of Pan, the chef is sensitive to his ingredients, to the truth and beauty of the products that he lovingly transforms out of love for our greatest happiness. Like a painter, the chef plays on his palette in order to attain perfection.

The reader is invited to discover an unknown Paris, a Paris that I believed definitively waymarked but that I have learned to look at differently, through its past, its present and the joy of tasting. Here is Paris, so old, so young, and always in motion, offering itself to you. It is up to you to discover its stars, its cuisine, and to find there the greatest of pleasures.

Fernanda Bazire & Aymeric Rouillac

LAS ESTRELLAS MICHELIN
THE MICHELIN STARS

Podría parecer sorprendente que un fabricante de neumáticos haya tenido la genial idea de publicar en 1900 una guía que ofrecía en un principio a sus clientes, choferes y conductores de motocicletas, información práctica para reparar su automóvil, hospedarse, reponer fuerzas, comunicarse por correo, por teléfono y ubicarse mediante mapas de caminos. Este gran visionario fue André Michelin.

En la primera edición de la *Guide Rouge* o *Guía Roja*, las estrellas servían para definir la gama de precios de los hoteles.

En 1923 las estrellas de las buenas mesas aparecían clasificadas en tres categorías:

***   Una de las mejores mesas de Francia; la desviación vale la pena

**   Excelente mesa; la desviación vale la pena

*   Buena mesa

A partir de 1937, la inscripción de los hoteles y restaurantes es gratuita, lo que refuerza la independencia de la guía.

El "Sistema Michelin" consiste en enviar inspectores anónimos egresados de las escuelas de hotelería de toda Francia. Sus reportes y la abundante correspondencia de los lectores constituyen los vectores, la clave del sistema. Un mismo establecimiento puede ser visitado en más de una ocasión.

El otorgamiento o retiro de estrellas se realiza al final del otoño en absoluto secreto durante las reuniones anuales con Derek Brown, el director actual, hombre cordial y dinámico.

It might seem surprising that a tire manufacturer would have had the brilliant idea of publishing in 1900 a guide that first and foremost offered practical information to his customers, car and bicycle drivers, who could find in it practical information on how to repair their automobile, find accommodation, find somewhere to eat, communicate by mail, by telephone, and orient themselves using road maps. This great visionary, this pioneer, was André Michelin.

In the first edition of the Guide Rouge *(Red Guide), the stars were used to define the range of prices of the hotels.*

In 1923 the stars for good eating were classified in three categories:

* * * *One of the best cuisines in France; the detour is worthwhile*

* * *Excellent cuisine; the detour is worthwhile*

* *Good cuisine*

From 1937 on, the registration of hotels and restaurants became free of charge, which reinforced the guide's independence.

The "Michelin System" consists in sending anonymous inspectors from Hotel Schools all over France. Their reports and the abundant correspondence of the readers constitute the vectors, the mainsprings of the system. The same establishment may be visited on several occasions.

Promotions or demotions take place at the end of autumn, in absolute secrecy, during annual meetings with Derek Brown, the current director, a cordial, dynamic man.

L'Ambroisie

PLAZA DE VOSGES

Una plaza aparte
A Plaza Apart

En el sitio de un mercado de caballos donde se alzaba la antigua Maison Royale de los Tournelles, Enrique IV decidió, en 1605, crear una plaza que pudiera servir como lugar de paseos y fiestas. Sin residir nunca ahí, la Corona se reservó el primer pabellón, llamado "del rey", edificado en el sur, que sirvió de modelo para los demás: en cuatro arcadas que forman una galería se alza una construcción de ladrillos con bordes y marcos de piedra blanca, cubierto de pizarras y un ornamento en el techo o *épi de faîtage* de plomo. Asesinado por Ravaillac en 1610, el buen rey Enrique no pudo ver los 36 pabellones terminados. La nueva "Place Royale" se inaugura dos años más tarde en ocasión de las bodas de Luis XIII y Ana de Austria, y de la princesa Isabel de Francia con el Infante de España, que reinaría con el nombre de Felipe IV: 1,300 caballeros hacen evoluciones ante 10,000 espectadores encantados con las festividades, los 230 músicos y los fuegos artificiales. Centro histórico del Marais, la plaza se pone muy de moda, en ella se crean los primeros salones literarios. Los grandes de ese mundo eligen domicilio ahí: los ministros Sully y Richelieu, instalados en el número 21, las princesas de Rohan y de Guéménée, luego Bossuet, en el número 17. En 1626, la marquesa de Sévigné nace en el número 1 bis, pero París deja de ser residencia real en 1662, al preferir Versalles el rey Luis XIV. "Plaza de la Indivisibilidad" durante la Revolución Francesa, Napoleón Bonaparte, entonces Primer Cónsul, la rebautiza como "Place des Vosges" en 1800 en honor de esa región, que fue la primera en pagar impuestos. En el siglo XIX, Téophile Gautier y Alphonse Daudet viven en el número 8, Víctor Hugo renta durante 14 años el número 6 que se convertirá, en 1902, en un museo consagrado al poeta nacional. La más grande actriz trágica del siglo XIX, Raquel, vivió en la mansión sita en el número 9; admitida en la Comedia Francesa a los 17 años, su nombre es inseparable de los grandes papeles: Fedra, Hermione (en la *Andrómaca*) de Racine, por citar sólo esos. Antiguamente, el jardín de la plaza estaba cercado con una reja labrada y dorada; en el centro se alzaba una estatua ecuestre de Luis XIII encargada por el cardenal Richelieu, que fue reemplazada por una nueva y mejor

On the site of a Horse Market where the old Maison Royale des Tournelles stood, Henri IV decided in 1605 to create a plaza that could be used as a place for walks and for celebrations. Although he never stayed there, the Crown reserved the first pavilion (called "the King's"), built to the south, for himself; it served as a model for the others: on four arcades forming a gallery stands a brick building with white stone trim and frames, covered with slate and a lead épi de faîtage. Murdered by Ravaillac in 1610, Good King Henri never saw the 36 pavilions finished. The new "Place Royale" was inaugurated two years later, on the occasion of the future marriages of Louis XIII to Anne of Austria and of princess Elisabeth of France to the infante of Spain who was to reign under the name of Philip IV: 1,300 horsemen performed manoeuvers before 10,000 spectators delighted by the festivities, the 230 musicians, and the fireworks… The historic center of Le Marais, the plaza became very fashionable; the first literary salons were created there, the world's great chose their place of residence there: Ministers Sully and Richelieu (living at No. 21), the princesses of Rohan and Guéménée, then Bossuet, at No. 17. In 1626, the marquise of Sévigné was born there (at No. 1 bis), but Paris ceased to be a royal residence in 1662, with King Louis XIV preferring Versailles. Known as "Place d'Indivisibilité" during the French Revolution, Napoléon Bonaparte, at that time First Consul, renamed it "Place des Vosges" in 1800 in honor of that region, the first to pay the tax. In the 19th century, writers Théophile Gautier and Alphonse Daudet lived at No. 8; for 14 years, Victor Hugo rented No. 6,

proporcionada; en 1818 se añadieron unos estanques. En la actualidad, las galerías albergan a anticuarios, comerciantes de pinturas, boutiques de grandes modistos, y una de las más famosas direcciones del buen comer: el Ambroisie, en homenaje al alimento de los dioses del Olimpo. Este prestigiado restaurante ocupa la mansión de la gran Raquel; el marco excepcional es una invitación permanente a gozar de la belleza, sea la de la plaza intacta desde hace cuatrocientos años o de los manjares refinados, la Place des Vosges se ilumina con tres estrellas que nada puede eclipsar.

which would become a museum in 1902 dedicated to this national poet. The greatest tragic actress of the 19th century, Rachel, lived in the residence located at N° 9; admitted at the age of 17 to the Comédie-Française, her name is inseparable from very great roles: Phèdre, Hermione (in Andromaque) by Racine, to mention only these few. Formerly, the garden of the Place was enclosed by a high, finely-worked, gold railing; in the center stood an equestrian statue of Louis XIII, commissioned by Cardinal Richelieu. It was replaced by a new, better proportioned one in 1818, and ponds were added. Today, shopping malls house antiquarians, sellers of paintings, boutiques of great couturiers, and one of the most famous establishments for great cuisine: L'Ambroisie, named after the food of the gods of Olympus. This prestigious restaurant is located in the residence of the great Rachel; the exceptional surroundings are a permanent invitation to enjoy beauty, whether it is that of the Place, intact for four hundred years, or that of the refined dishes. The Place des Vosges is illuminated by three stars that nothing can eclipse.

PLAZA DE VOSGES

The statue bears the inscription:

LOUIS XIII
1610-1643

CETTE STATUE
OEUVRE DE DUPATY ET CORTOT
ÉLEVÉE LE 4 NOVEMBRE 1829
A REMPLACÉ
L'ANCIENNE STATUE DE BRONZE
ÉRIGÉE EN 1639

Aquí más que en ninguna otra parte, el cliente tiene la sensación de ser un privilegiado, como si un príncipe de este mundo lo hubiera invitado a compartir un momento excepcional en un marco elegante y acogedor. Un decorado italiano, obra de François-Joseph Graf, lo envuelve en una atmósfera sobria y refinada: tapices antiguos, baldosas de mármol beige del siglo XVIII ornamentadas con trifolios negros, revestimientos en las paredes realzados con acuarela, artificios visuales en los postigos interiores del saloncito, butacas de teatro vienesas, cinco metros del piso al techo. En resumen, una mansión principesca si no es que real, puesto que el joven rey Luis XIII durmió ahí en 1612, el año de la inauguración de la plaza, en casa del consejero Fougeau-Descures; aquí vivieron los duques de Chaulnes, de Luynes, los Nicolai, sin olvidar a la inmortal Raquel, gloria del teatro francés, al igual que Sarah Bernhardt.

Alumno superdotado de Claude Peyrot, *maître* del *Vivarois*, Bernard Pacaud se instala en el número 9 en 1985, en la antigua tienda de un orfebre platero. La enseña conserva el nombre de la primera Ambroisie, en la calle de Bièvre. Dos estrellas en 1983,

AROMA DE ETERNIDAD
A SCENT OF ETERNITY

L'AMBROISIE

Here more that anywhere else, the customer has the feeling of being a privileged person, as though he were invited by a prince of these people to share an exceptional moment in an elegant, cordial setting. Italian decor, the work of François-Joseph Graf, surrounds one in a sober, refined atmosphere: antique tapestries; 18th century beige marble tiles embossed with black trefoils, plastered walls set off with watercolors, trompe l'œil on the inside shutters of the small salon, Viennese theater chairs, five meters from floor to ceiling… A princely dwelling in short, if not royal, since the young king Louis XIII slept there in 1612, the year of the inauguration of the Place, at the home of the counselor Fougeu-Descures; the Dukes de Chaulnes and de Luynes and the Nicolaïs lived here, not to mention the immortal Rachel, that celebrity of French theater, as well as Sarah Bernhardt.

The exceptionally gifted pupil of Claude Peyrot, the master chef of the Vivarois, Bernard Pacaud, moved into No. 9, the former shop of a silversmith, in 1985. The signboard has kept the name of the first Ambroisie ("Ambrosia") on Rue de Bièvre. Two stars in 1983, three in 1986: need we say more? A skilful organization with strictness, simplicity, absolute quality of their products, with everything served by personnel who are as efficient as they are discreet. Perfection in its charm. The white china decorated with

tres en 1986: con eso se dice todo. Una sabia orquestación de rigor, simplicidad, calidad absoluta de los productos, todo servido por un personal tan eficaz como discreto. La perfección en el encanto. La porcelana blanca ornamentada con una orla de plata subraya la excelencia de los manjares y su misterio: cordero en *nougatine* de ajo, hojaldre de langostinos con granos de ajonjolí sobre lecho de espinacas crujientes, suspiro de salsa de curry... no se sabe qué escoger. Según la mitología, la ambrosía era el alimento de los dioses, procuraba la inmortalidad; ningún otro nombre sería más conveniente para este lugar bendito: quien ha tenido el placer de pasar por aquí, de impregnarse de la tranquilidad de los salones, conserva sabores indelebles, emociones raras, un aroma de eternidad que flota para siempre en la memoria y todo debido a la gracia y el ingenio de un chef y de su casa.

a silver border emphasizes the excellence of the food and its mystery: lamb in garlic nougatine, scampi *feuillantine with sesame seeds on a bed of crunchy spinach, a hint of curry sauce... one does not knows what to choose. According to mythology, ambrosia, the food of the gods, made one immortal; no other name was better suited to this blessed place: whoever has had the pleasure of visiting here, of immersing himself in the rooms' pleasantness, keeps within himself indelible flavors, unusual emotions, a scent of eternity floating forever in his memory, and all this thanks to the genius of a chef and his establishment.*

PARA 4 PERSONAS

INGREDIENTES:
- 12 langostinos grandes
- 250 g de espinacas
- 2 dl de crema fresca
- 2 huevos
- 50 g de harina
- 80 g de mantequilla
- 1 cucharada de curry
- aceite de oliva
- 30 g de ajonjolí
- sal
- azúcar glass

HOJALDRE DE COLAS DE LANGOSTINOS CON GRANOS DE AJONJOLÍ, SALSA CURRY

PREPARACIÓN:
- Pelar los langostinos y guardarlos en el frío.
- Limpiar, lavar y secar las espinacas.

PASTA DE HOJALDRE:
- Mezclar la harina con 2 claras de huevo, añadir una pizca de sal y de azúcar glass.
- Incorporar 50 g de mantequilla derretida. Trabajar bien para mezclarla.

SALSA DE CURRY:
- Derretir una bolita de mantequilla en una cacerola, añadirle el curry y cocer a fuego vivo un minuto.
- Añadir la crema y llevar al punto de ebullición.
- Cocer unos diez minutos a fuego lento y pasar por el colador.

COCCIÓN DE LOS HOJALDRES:
- En una plancha engrasada con mantequilla, disponer 8 discos de pasta de alrededor de 8 cm de diámetro y espolvorear con granos de ajonjolí.
- Hornear en el horno precalentado a 210° C y sacarlos cuando empiecen a tomar un ligero color.

COCCIÓN DE LOS LANGOSTINOS:
- Salar las colas de los langostinos y espolvorear con curry.
- Pasarlas por la sartén en aceite de oliva, a fuego vivo, 1 minuto de cada lado.

COCCIÓN DE LAS ESPINACAS:
- Pasar las espinacas por la sartén con una bolita de mantequilla y salarlas.

PRESENTACIÓN:
- En cada plato caliente, poner una cama de espinacas y un hojaldre encima.
- Montar los langostinos en el hojaldre, poner otro poco de espinacas y colocar el segundo hojaldre.
- Cubrir el fondo del plato con salsa curry caliente.

Bernard Pacaud

F. B.: Estoy muy complacida de que haya aceptado concederme una entrevista; sé que la mayoría de las veces usted se rehúsa, soy muy consciente de que tengo mucha suerte.

B. P.: No me gusta posar… ni hablar por hablar. Acepté recibirla porque aprecio todo lo que comienza con F: las flores, lo femenino…

F. B.: ¿Qué idea tiene del gusto?

B.P.: Evidentemente es una cuestión relacionada con el aprendizaje, con el conocimiento del producto. Me pregunto cómo llegamos a lo que se llama "buen gusto", pero es otra historia. La cocina de mi abuela era típicamente burguesa, rica en sensibilidad, me acuerdo de los bizcochos que hacía eran tan buenos que ¡me acababa hasta el fondo del recipiente! En esa época, hacían de comer según las circunstancias, la necesidad. Cuando pienso en ese tiempo, es posible que muy pronto haya tenido deseos de ser cocinero, puesto que de muy chico me pasaba el tiempo dibujando restaurantes.

F. B.: ¿Qué piensa de la cocina actual?

B.P.: Estamos en lo que yo llamaría una "cocina simbólica"; si tuviera que recurrir a una imagen, sería la de la costura: ya no hay sedas bellas… La cocina evoluciona, claro está, pero estamos en presencia de un fenómeno como el de la moda: desde el momento que un platillo tiene éxito, todo el mundo lo hace, se lo ve por todas partes. La imaginación no ha tomado el poder, y es una lástima, reproducir no es divertido. Para mí, la única aventura verdadera está en el producto, en su identidad; el plato no debe ser más bonito que el platillo. Todo pasa por los

F. B.: I am very pleased that you agreed to grant me an interview; I know that most of the time you refuse, and I am quite aware that I am very fortunate.

B. P.: I don't like to show off… or talk for the sake of talking. I agreed to see you because I appreciate everything that starts with F. Flowers, females…

F. B.: What is your opinion of taste?

B. P.: It is obviously a question of upbringing combined with training, and with knowledge of the product. I wonder how we arrive at what one calls "good taste", but that's another story. My grandmother used to prepare a typically bourgeois cuisine with a lot of sensitivity; I remember her quatre-quarts (pound cake), it was so good that I used to scrape the bottom of the bowl! At that time, they used to prepare food by force of circumstances, according to necessity. Thinking back to that time, it may be that I wished, very early, to become a chef; from the time I was very little, I spent my time designing restaurants…

F. B.: What do you think of the cuisine of today?

B. P.: We are in what I would call a "symbolic cuisine". If I had to choose an image, it would be that of women's fashions: there are no more beautiful silks… Cookery evolves, of course, but we are in the presence of a phenomenon of fashion: as soon as a dish is successful, everybody prepares it, you see it everywhere. Our imagination has failed to assert itself, which is a shame. Imitating is not very entertaining. To me, the only real adventure is in the product, in its identity; the china plate must not be more attractive than the dish prepared. Everything goes through the senses: you have to touch, listen to a product in order to understand it.

F. B.: Outside of cooking, have you any passions?

B. P.: One cannot really speak of passions. As I told you just a moment ago, I like flowers, but also chess and architecture. Everything that invites you to reflect, in peace. Reading inspires me, countries give me ideas.

F. B.: What teachers have left a mark on you?

B. P.: First there was Mère Braziers, at Lyons; she also taught me a lot more than cooking. She was the one who really taught me my occupation, she helped me discover values. I was an orphan when she took me on, under her wing. She made up for my lack of affection. All that influenced my life. The second experience that left a mark was at Claude Peyrot's, on Avenue Victor Hugo, in Paris. I had before me an avant-gardiste, the first chef who was the forerunner of modernism;

sentidos: hay que tocar, escuchar un producto para comprenderlo.

F. B.: Fuera de la cocina ¿qué lo apasiona?

B.P.: No se puede hablar verdaderamente de pasiones. Como le dije antes, me gustan las flores, pero también el ajedrez, la arquitectura. Todo lo que invita a la contemplación, la calma. Leer me inspira, los países me dan ideas.

F. B.: ¿Qué maestros lo han marcado?

B.P.: Primero fue la señora Braziers, en Lyon; además, con ella aprendí mucho más que de cocina. Fue quien realmente me enseñó el oficio, me hizo descubrir los valores. Yo era huérfano cuando me tomó a su cargo, bajo su ala. Compensó mis carencias afectivas. Todo eso me marcó de por vida. La segunda experiencia que dejó huella en mí ocurrió en casa de Claude Peyrot, en la Avenida Víctor Hugo en París. Tenía frente a mí a un vanguardista, el primer cocinero precursor del modernismo, con Peyrot, era una manera de vivir, un arte de vivir, un chef joven, un restaurante con un decorado estilizado a la manera de Knoll.

F. B.: ¿Y su primer restaurante?

B.P.: Pasé momentos difíciles; quería un salón pequeño, seguro de que un número reducido de cubiertos limitaría los estragos financieros. Así que mi primer restaurante no contaba más que con veintiséis cubiertos, al cabo de nueve meses, la consagración: ¡una estrella Michelin! Apostaba todo a la relación entre la cocción y la sazón y a la frescura; para hablar sinceramente, esa todavía no era mi cocina, sino la de la señora Braziers y la de Peyrot. Mi deseo fue primero transmitir las emociones.

F. B.: ¿Y su tercera estrella?

B.P.: ¡Necesité seis veces para reaccionar! Vinieron a anunciármelo, estaba atónito. Sabe usted, es tan importante y tan desestabilizador. Es en cierto modo como subir una escalera, el peldaño siguiente le queda por encima de la cabeza y un día ¡ya lo alcanzó! Para llegar ahí, se necesita tener valor, tenacidad, no temerle al vértigo, pero lo más difícil no es lograrlo, sino permanecer. Durante casi un año me pregunté cómo iba a hacer para conservar la famosa tercera estrella. No se la dan solamente por lo que ha hecho, se la dan por lo que va a hacer.

F. B.: ¿Y qué va a hacer?

B.P.: ¡Lo mismo! Tratar de permanecer encima del último peldaño de la escalera… sin caerme.

F. B.: ¿Cuáles son sus especialidades preferidas?

B.P.: Las que a uno le gusta compartir. En la vida, todo es compartir, si uno no comprende que la vida consiste en eso, no ha comprendido nada. En el capítulo de las

with Peyrot it was a way of life, an enjoyment of life, a young chef, a restaurant with stylized decor in the manner of Knoll…

F. B.: And your first restaurant?

B.P.: I went through some difficult moments. I wanted a small dining room, as I was certain that a limited number of table settings would minimize financial losses. So my first restaurant had only 26 place settings and, at the end of nine months, its name was made: a Michelin star! I staked everything on the relation cooking/seasoning, freshness; strictly speaking, I wasn't yet doing my own cuisine but Mère Braziers' and Peyrot's. My wish was first and foremost to transmit emotions.

F. B.: And your third star?

B.P.: I needed six times to react! When they came to announce it to me, I was stunned. You know, it's so important, so destabilizing. It is a little like climbing a ladder. You think ahead to the last rung and, one day, you're there! To get there, you have to have courage, tenacity, you can't be afraid of heights, but the hardest isn't getting there but staying there. For nearly a year, I wondered what I was going to do to keep it, this famous third star. You don't just receive it for what you've done, you receive it for what you're going to do.

F. B.: And what are you going to do?

B.P.: The same thing! Try to stay on the last rung of the ladder… without falling.

F. B.: What are your favorite specialties?

B.P.: Those you enjoy sharing. In life, everything is sharing; if you don't understand that that's everything in life, you haven't

especialidades, para ser franco, no hay nada a lo que me aferre; hay cosas que me salen mejor un día que otro. Pasa un poco como en el teatro, nos parecemos a los actores: llega a suceder que una noche estamos más satisfechos que otra. De manera general, me gustan los descubrimientos. En ese campo creo haber logrado ciertos platillos que, por otro lado, no me gustan demasiado: mi *mousse* de pimientos ha tenido mucho éxito y sin embargo ¡no me gustan los pimientos! La madurez confiere ciertas ventajas, da más seguridad, más confianza. Si tuviera que lamentar algo, sería que ya no se hace nada que pueda durar. Por eso me gusta la arquitectura, las construcciones están llamadas a durar. Lo que me fascina aquí en la Place des Vosges es ante todo la belleza, la inmutabilidad, el equilibrio...

F. B.: Si tuviera que escoger un lema, ¿cuál sería?

B.P.: "¡Ánimo o huyamos!"

understood anything. Under the heading of specialties, to be frank, nothing catches my attention; there are things that I succeed better at one day than another. It's a little like in the theater, we're similar to actors: we're satisfied on such and such an evening rather than on another. In general, I like discoveries. In this area, I think I have succeeded with some dishes that otherwise I don't like too much: my sweet pepper mousse was very successful and yet I don't like peppers! Maturity grants some advantages, it gives you more assurance, more confidence. If I were to regret something, it would be the fact that nothing is made to last anymore. That's why I like architecture. Constructions are meant to last. What fascinates me here, at Place des Vosges, is primarily the beauty, the immutability, the balance...

F. B.: If you had to choose a motto, what would it be?

B.P.: "Take heart, or let's flee!"

INGREDIENTES:
- 4 filetes de pato
- 600 g de cebollas blancas de las Cevenas
- 3 limones
- 150 g de mantequilla
- 150 g de azúcar
- 400 g del jugo de las cebollas
- 1 hinojo
- 20 g de pimienta negra recién molida
- grasa de ganso
- tomillo

FILETE DE PATO (PICHONCILLO)
LAQUEADO AL CARAMELO DE CEBOLLAS

MÉTODO:

SOUBISE DE CEBOLLAS:
- Rebanar las cebollas blancas y cocerlas al horno con grasa de ganso, pero sin que tomen color.
- Escurrir.
- En el último momento, añadir el tomillo.

CARAMELO DE CEBOLLAS:
- Hacer un caramelo en seco.
- Desglasear con jugo de limón y humedecer con el jugo de las cebollas.
- Dejar cocer y detener la cocción con mantequilla fría.

COCCIÓN:
- Asar los filetes de pato y dejarlos reposar unos minutos.
- Glasearlos con el caramelo de cebollas.
- Sazonar con pimienta negra.

PRESENTACIÓN:
- En un plato caliente colocar una quenela de la *soubise*, el filete de pato laqueado y decorar con una rama de hinojo.

Sugerencia: Puede hacerse un jugo de pato con las menudencias.

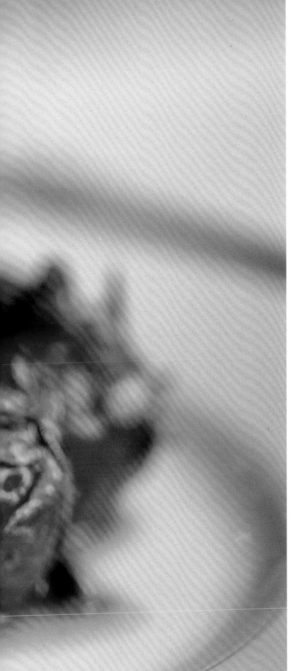

INGREDIENTES:
- 6 fresas por persona
- helado de pistache

PASTA SABLÉE:
- 100 g de mantequilla
- 100 g de azúcar
- 120 g de yemas de huevo
- 20 g de pistaches triturados

CRUJIENTE:
- 50 g de de almendras fileteadas
- 100 g de azúcar refinada
- 40 g de harina
- 60 g de mantequilla derretida
- 1 cucharada de agua tibia

CROCANTE GLACÉE DE PISTACHES, LLUVIA DE FRESAS DEL JARDÍN

PREPARACIÓN:
- Trabajar todos los ingredientes de la pasta sablée en una bola y reservar.
- Mezclar los ingredientes del crujiente y reservar.
- Extender la pasta sablée de manera de poder cortar 4 rectángulos de 12 x 5 cm y hornearlos a 180 °C durante 8 minutos.
- En una plancha engrasada con mantequilla, extender lo más finamente posible el crujiente hasta formar un rectángulo de 20 x 12 cm. Hornear a 180 °C y, todavía caliente, cortar rectángulos similares a los de la pasta sablée.
- Lavar las fresas, y pasarlas por una sartén con una cucharada de azúcar y una rajita de limón.

PRESENTACIÓN:
- Colocar el helado de pistache sobre la pasta sablée y encima el crujiente.
- Servir con las fresas calientes.

LE GRAND VÉFOUR

DEL PALAIS-CARDINAL AL PALAIS-ROYAL
FROM THE PALAIS CARDINAL TO THE PALAIS ROYAL

De 1623 a 1635, Armand Jean du Plessis, cardenal duque de Richelieu, ministro principal del rey Luis XIII, adquiere varias mansiones particulares colindantes con el Louvre con el fin de establecerse en las cercanías de su señor. Richelieu confía a su arquitecto preferido, Jacques Le Mercier, la tarea de edificar el Palais-Cardinal, que comprende una sala de espectáculos terminada en 1637. Legado al rey, que muere en 1643, el palacio es devuelto a la reina Ana de Austria y a su hijo, el futuro Luis XIV, quien lo rebautiza "Palais-Royal". Dado en 1661 a Felipe de Orleáns, hermano del rey, se vuelve durante la Regencia un punto de citas galantes de la aristocracia libertina, prendada de las cenas tardías. En 1776, el duque de Orleáns lo deja a su hijo, el duque de Chartres, mejor conocido como Felipe Igualdad, debido a su pasión por las ideas de la Revolución. Este decide hacer una reconstrucción completa, y para cumplir con sus deudas, obtiene de Luis XVI el permiso para construir alrededor del jardín pabellones con galerías destinadas al comercio, con lo que se inauguró así el primer "centro comercial" de la historia. A partir de 1782, las galerías del palacio se vuelven, por tres cuartas partes del siglo, el símbolo viviente de los placeres fáciles e ilícitos, con la anuencia del duque ¡quien prohibió a la policía el acceso a los jardines! A partir de 1786, se reconstruye el Teatro Francés, ya que un incendio había destruido la antigua Ópera. Incautado como bien nacional en 1793, el palacio se convierte en sede del Tribunado. En 1805, durante el reinado de Napoleón I, quince restaurantes entre los cuales se encontraba el Café de Chartres, que más tarde sería el Grand Véfour, veinte cafés, dieciocho mesas de juego, numerosas casas de disolución y "gabinetes cómodos" abundan en el lugar. En 1814, Luis Felipe de Orleáns, futuro rey de los franceses, manda reconstruir la residencia de sus antepasados. Pero en 1828, la galería de madera arde y se inicia así la decadencia del "Imperio de las Ninfas", ámbito de las mujeres ligeras y fáciles. La media noche del 31 de diciembre de 1836, la policía hace que cierren las salas de juego. El Palais-Royal ya no volverá a ser sinónimo de ese "gusto del buen vivir" que, según el Príncipe de Talleyrand, era el encanto del Antiguo Régimen. Los

From 1623 to 1635, Armand Jean du Plessis, Cardinal Duke of Richelieu, chief minister to King Louis XIII, acquired several private residences adjacent to the Louvre in order to take up his abode close to his master. Richelieu entrusted his favorite architect, Jacques Le Mercier, with the task of building the Palais Cardinal, which included a theater finished in 1637. Bequeathed to the king, who died in 1643, the palace was returned to Queen Anne of Austria and her son, the future Louis XIV, who renamed it the "Palais Royal". Given in 1661 to Philippe of Orleans, brother of the king, it became during the Regency an amorous rendez-vous for the libertine aristocracy, who were fond of late suppers. In 1776, the Duke of Orleans left it to his son, the Duke of Chartres, better known as Philippe Égalité, given his passion for the ideas of the Revolution. This latter decided on a complete reconstruction and, in order to honor his debts, he obtained permission from Louis XVI to build pavilions around the garden with galleries intended for businesses, thus opening the first "shopping center" in history. From 1782 on, the palace galleries became the living symbol of easy, illicit pleasures for three quarters of a century, sanctioned by the duke, who denied the police access to the gardens! Beginning in 1786, the Théâtre Français was rebuilt, the former Opera having been destroyed by fire. Seized as national property in 1793, the palace became the seat of the Tribunat. In 1805, during the reign of Napoleon I, fifteen restaurants including the Café de Chartres (the future Grand Véfour) , twenty cafés, eighteen gambling tables, a number of brothels and "private cubicles" abounded there).

apartamentos reales son saqueados cuando la Revolución de 1848, y en 1862 Jerónimo, hermano de Napoleón I, y posteriormente su hijo viven en el ala de Valois. Nuevamente incendiado el 24 de mayo de 1871 durante la Comuna de París, que sigue a la derrota francesa frente a Alemania, el palacio se reacondiciona dos años más tarde para la instalación definitiva del Consejo de Estado, símbolo del nuevo orden republicano, y del Subsecretariado de Estado para las Bellas Artes, futuro Ministerio de Cultura.

En 1986, la Cour d'Honneur recibe las muy controvertidas columnas de Daniel Buren: *Les deux plateaux*.

In 1814, Louis-Philippe of Orleans, future King of the French, had the residence of his ancestors restored. But, in 1828, the wooden gallery burned down, beginning the decline of "the Empire of the Nymphs", the domain of loose, easy women. On December 31st, 1836, at midnight, the police had the gambling rooms closed down. The Palais Royal would never again be synonymous with this "gentle way of life" that, according to the Prince of Talleyrand, made the Ancien Régime so charming. The royal apartments were ransacked at the time of the Revolution of 1848 and, in 1862, Jérôme, brother of Napoleon I, and then his son, lived in the Valois wing. Burnt down again on May 24, 1871 at the time of the Commune of Paris following the French defeat against Germany, the Palace was refurnished two years later for the Council of State, (symbol of the new republican order) and the Office of the Under-Secretary of State for Fine Arts, (the future Ministry of Culture) to settle there permanently.

In 1986, the very controversial columns of Daniel Buren "Les Deux Plateaux", were installed in the main courtyard.

JARDIN DEL PALAIS-ROYAL

En 1784, el arquitecto Victor Louis termina los trabajos de acondicionamiento del Palais-Royal: sesenta nuevos pabellones con galería en la planta baja dan a los jardines abiertos al público. Un café llamado Aubertot renta las arcadas 79 a 82: El "Café de Chartres" adquiere rápidamente una sólida reputación. Relevante sitio mundano, el *Tout-Paris* se da cita en él para intercambiar nuevas ideas: ciertamente, uno tiene más deseos de cambiar el mundo en buena compañía alrededor de una mesa refinada. Tanto así, que el Palais-Royal es entonces un animado centro de libertinaje: casas de juego y de placer florecen en el lugar. Después de 1789, el restaurante se cubre de oro y se convierte en uno de los cuarteles generales de la Revolución Francesa; Fabre d'Églantine y Saint-Just comen ahí. Durante el Terror, es punto donde conspiran los realistas; pasada la tempestad, del Directorio al Consulado, Bonaparte desayuna a solas con Josefina, bajo los frescos y las arañas.

En 1820, Jean Véfour adquiere el "Café de Chartres" y le da su nombre. El "Véfour" es ya uno de los restaurantes más suntuosos de la capital. En 1852, los hermanos Tavernier toman posesión del lugar, lo agrandan y siete años más tarde le anexarán el "Véry", primer gran restaurante con precios fijos. La decoración actual, en la que destacan los célebres paneles pintados montados en cristal, data indudablemente de esa época. El "Grand Véfour", rebautizado así a mediados del siglo XIX, se vuelve el punto de reunión preferido de los intelectuales y artistas del Segundo Imperio y del romanticismo:

UNA HISTORIA DE PLACERES
A HISTORY OF PLEASURES

LE GRAND VÉFOUR

In 1784, the architect Victor Louis finished the work of furnishing the Palais Royal: sixty new pavilions with a gallery on the ground floor gave onto the gardens, which were open to the public. A café owner named Aubertot rented arcades 79 to 82: the Café de Chartres quickly acquired a solid reputation. A fashionable Mecca, all of Paris met there to exchange new ideas: one certainly feels more like changing the world in good company, around a refined table. All the more so since the Palais Royal was then an animated center of dissolute living: gambling clubs and brothels thrived there. After 1789, the restaurant covered itself in gold and became one of the headquarters of the French Revolution; Fabre d'Églantine and Saint-Just used to dine there. During the Reign of Terror, the royalists conspired there and, once the storm had passed, from the Directory to the Consulate, Bonaparte lunched privately there with Joséphine, under the frescos and chandeliers.

In 1820, Jean Véfour acquired the Café de Chartres and give it its name. The "Véfour" was already one of the most sumptuous restaurants in the capital city. In 1852, the Tavernier brothers took possession of the premises, which they enlarged by annexing, seven years later, the "Véry", the first major restaurant with fixed prices. The present decoration, with its

Hugo, Lamartine, Thiers, Sainte-Beuve, George Sand, el duque de Aumale van a cenar ahí con regularidad. La bella Otero adolescente baila sobre las mesas a instancias de una audiencia de señores encantados.

Víctima de su éxito, el restaurante cierra entre 1905 y 1945. Louis Vaudale, antiguo director del Maxim's, lo compra cuando la Liberación, pero la rica clientela de la Rue Royale no lo ve con buenos ojos. Raymond Oliver, nombre legendario del arte culinario francés, retoma el "Grand Véfour" a fines de 1948: el éxito total es inmediato, lo más granado del mundo político y del artístico se precipita al restaurante. Colette va como vecina, Cocteau diseña el menú; Jean Giraudoux, Sacha Guitry, Louis Aragon, André Malraux, Louis Jouvet, Sartre y Beauvoir se sientan regularmente en las sillas Directorio negro y oro. Oliver hará brillar durante treinta y seis años las estrellas Michelin del ilustre restaurante. En 1983, desmoralizado después de un atentado terrorista, cede su obra maestra al grupo Taittinger, que renueva el lugar, recientemente clasificado como monumento histórico.

El Grand Véfour no es tan solo una página de la historia de Francia, una joya del patrimonio, un lugar de ensueño y de recuerdos, sino además un lugar de excepción, de refinamiento y de placer. Aquí todo es una delicia, desde el decorado hasta el plato, desde el servicio hasta la atmósfera. La clientela encopetada y coronada se codea con la nueva generación apasionada con la gran cocina y las emociones raras, y Guy Martin se dedica a sorprender siempre, para que brillen las estrellas de este restaurante digno del Olimpo. Deguste religiosamente los ravioles de foie gras en emulsión de crema trufada, el *pavé* de rodaballo asado, savia de limón a la sal, las palomas Príncipe Rainiero III, la hogaza de alcachofas y legumbres confitadas, el sorbete de almendras amargas...

famous painted panels set under glass, certainly date from this period. The "Grand Véfour", so renamed in the middle of the 19th century, became the favorite rendez-vous for intellectuals and artists of the Second Empire and of romanticism: Hugo, Lamartine, Thiers, Sainte-Beuve, George Sand, the Duke of Aumale came regularly to dine there. The beautiful teenage Otero danced on the tables, at the invitation of a delighted floor of gentlemen.

Victim of its success, the restaurant closed between 1905 and 1945. Louis Vaudale, the former director of Maxim's, bought it back at the time of the Liberation, but the rich clientele of the Rue Royale were sulking. Raymond Oliver, a legendary name in French culinary art, took over the Grand Véfour in 1948: total success was immediate, the upper crust of the political and artistic worlds flocked there. Colette came to be neighborly, Cocteau designed the menu; Jean Giraudoux, Sacha Guitry, Louis Aragon, André Malraux, Louis Jouvet, Sartre and Beauvoir sat regularly on chairs in Directory black and gold. Oliver would make the illustrious restaurant's (Michelin) stars shine for thirty-six years. In 1983, demoralized following a terrorist attempt, he transferred his "masterpiece" to the Taittinger group, who renovated the premises, recently classified as a historic monument.

The Grand Véfour not only represents a page in French history, a jewel of its heritage, a place of dreams and memories but also an exceptional place, one of refinement and pleasure. Here, everything is a delight, from the decor to the plate, from the service to the atmosphere. The posh and crowned clientele mixes with the new generation in love with great cuisine and unusual emotions, and Guy Martin attempts always to astonish, so that the stars may shine in this restaurant, worthy of Olympus. Reverently savor the foie gras ravioles with emulsion of cream garnished with truffles, the roasted turbot steaks, lemon sap with salt, Prince Rainier III pigeons, artichoke pie and preserved vegetables, bitter almond sherbet.

INGREDIENTES:
- 500 g de *foie gras* de pato crudo
- 25 g de trufa fresca
- 6 g de sal fina
- 2 g de pimienta recién molida
- 1 g de azúcar en polvo

FOIE GRAS DE PATO
CON TRUFAS EN TERRINA

PREPARACIÓN:
- Preparar una terrina de 12 x 8 cm
- Pedir al vendedor de aves que limpie el *foie gras*.
- Sazonarlo con sal, pimienta y azúcar.
- Refrigerar 1 hora.
- Calentar una sartén antiadherente sin grasa y cocer el *foie gras* tres minutos de cada lado, hasta darle color, bañándolo constantemente con el liquido que suelte.
- Retirar y escurrir en una parrilla.
- Cortar la trufa en láminas, lo más delgadas posible.
- Armar la terrina en capas intercalando 2 capas de trufas con el *foie gras*.
- Presionar ligeramente y guardar en el refrigerador.

Sugerencia: Es preferible hacer la terrina con uno o dos días de anticipación.

Guy Martin

Lo espero en el primer piso del Grand Véfour. No tengo prisa, lo que me permite impregnarme de la belleza del lugar, de su pasado, de la vista del Palais-Royal… Aparece una silueta joven y elegante, un hombre de mirada profunda y sincera. Se encuentra sorprendentemente tranquilo pese a la agitación que reina en las cocinas, en el salón que se prepara para recibir a un público exigente, como un director de orquesta que cuida la excelencia de su interpretación. Al levantarse el telón, todo estará listo, ensayado, impecable.

El encuentro se desarrolla en torno a una palabra clave: la pasión por la pintura, la música, la naturaleza; tres versiones, tres declinaciones de un mismo amor por la libertad. Guy Martin nació en Saboya, creció rodeado de montañas y campo, en el seno de una familia que gustaba de compartir los buenos platillos que preparaba su madre. Dar placer, al parecer ese deseo maternal, se convirtió rápidamente en el lema del futuro gran chef. A los trece años, el descubrimiento del rock'n roll y de Monet cambió su vida. Dos importantes elementos se reunieron: el gusto por la rebelión, lo no convencional, y una pasión por la armonía de los colores y las formas. La música se encontrará en el origen de su elección, de su vida: sus amigos músicos, con quienes deseaba formar un grupo, entran a la Escuela de Hotelería, él los sigue. Su camino está trazado.

Al principio, como dependiente de una pizzería, comprende de golpe la importancia del trabajo en equipo y bien hecho. Comienza entonces su verdadera formación en distintos mesones y castillos. Y en 1985, la primera consagración, la

I am waiting for him on the second floor of the Grand Véfour. Since I am not pressed for time, I can take in the beauty of the premises, their past, the view over the Palais Royal. A young, elegant figure appears, a man with a deep, sincere gaze. He is astonishingly calm, despite the flurry of activity in the kitchens and in the dining-room, which is preparing to receive a very demanding public. Guy Martin is an orchestra conductor in charge of the excellence of a performance. When the curtain rises, everything will be in order, well rehearsed, impeccable.

Our two interviews unfold around a key word: passion, whether for painting, music or nature; three versions of the same love of freedom.

A native of Savoy, Guy Martin grew up surrounded by mountains and greenery, in a family who loved to share the fine dishes their mother prepared. It seems that this maternal desire to please quickly became this future great chef's motto. At the age of 13, the discovery of rock'n roll and Monet transformed his life. Two major elements were brought together: a taste for rebellion and the unconventional, and a passion for the harmony of colors and forms.

Music would always be at the root of his choice, of his life; his musician friends (with whom he wanted to form a group) entered a Hotel School and he followed them. This paved his way.

Working first of all as assistant in a pizza parlor, right from the outset he grasped the importance of teamwork and of a job well done. Then his real training began in several "Coaching Inns and Castles". In 1985, the first recognition arrived in the form of his first Michelin star. A second one shone to his credit five years later. Since then decorations and honors have been showered on him unceasingly.

His insatiable curiosity, constant research work combined with an acute sense of observation, define him as a conscientious explorer, an artist with a taste that excels in the staging of colors and shading. He notices everything, penetrates such intuition, invents, recaptures, perfects, and wisely juxtaposes the finishing touches: the plate becomes his canvas. True art is never happy with half measures, is never "more or less".

In 1991, Mr Jean Tattinger and Mr Patrice de Margerie of the Concorde Hotels group offered him the position as both chef and director of the Grand Véfour. Fascinated by the location, and excited by the extent of the challenge, he accepted all the more happily since the Louvre and the Musée D'Orsay were only a few steps away: the paintings of the masters would give more ideas to this artist who was already not lacking in them.

How can a painting inspire the creation of a dish?

First of all, because a great painted work is able to awaken the

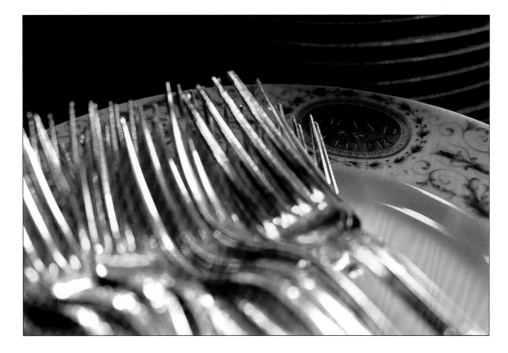

primera Estrella Michelin. La segunda brilla en su carrera cinco años después. Desde entonces, la lluvia de honores y condecoraciones no terminará.

Su insaciable curiosidad, un trabajo constante de investigación aunado a un agudo sentido de observación lo definen como un explorador concienzudo, un artista del gusto que sobresale al poner en escena los colores, los matices. Percibe todo, posee una gran intuición, inventa, retoma, perfecciona, yuxtapone sabiamente distintos toques: el plato es lienzo. El arte no se conforma con medias tintas, ni con aproximaciones.

En 1991, el señor Taittinger le propone ser a la vez chef de la cocina y director del Grand Véfour. Fascinado por el sitio, entusiasmado por el enorme desafío, acepta con una alegría aún mayor ya que tanto el museo del Louvre como el de Orsay se encuentran a unos cuantos pasos: las obras maestras le darán ideas adicionales a quien de por sí no carecía de ellas.

¿Cómo puede lograr un cuadro inspirar un platillo? En primer lugar porque una gran obra es capaz de avivar todos los sentidos, un olor, la ubicación de determinado color para crear así una asociación de gustos. Basta destacar lo que nace de la obra para elaborar mentalmente el platillo, diseñarlo en cierta forma, un bosquejo seguido de un estudio cuya realización culminará en la cocina. Si bien la pintura recorre los siglos, la cocina no es sino un momento, un arte de lo efímero que pronto se vuelve recuerdo, un gran momento de dicha que se queda en la memoria pese a su fugacidad. Sea lo que sea, la receta no se fija como una ley; no cesa de evolucionar, de transformarse según la inspiración o el gusto del amateur. En su libro, Guy Martin, artista del Grand Véfour y amo de este lugar, ilustra cincuenta obras, o más bien las prolonga en cincuenta recetas directamente inspiradas por las obras maestras.

Para el año 2000, la sola y única tercera Estrella otorgada por Michelin fue para Guy Martin, quien considera modestamente esta recompensa insigne como el fruto de un trabajo en equipo. Pero los honores no paralizan a nuestro artista, quien no deja nunca de innovar ni de buscar. Desde que se convirtió en consejero del más grande restaurante de Tokyo, el equipo nipón viaja con frecuencia a París para observar, probar, elaborar distintos platillos bajo la mirada atenta, crítica y generosa del maestro. En 2003, el chef con más honores asesoró legítimamente al servicio de cocina de Air France, inmensidades azules, nubes, tonos rosados de viento, viajes y cambios de panorama. "En la cocina no hay tabúes, ni fronteras", dice Guy Martin.

senses, an aroma, the placing of a certain color, and thus create an association of tastes. You have only to notice what is born in the painting, then mentally work out the dish, design it in a way, a sketch then a study, and finally carry it out in the kitchen.

Although a painting can last for centuries, cuisine lasts only a moment, an art of the ephemeral that quickly becomes a memory, a great moment of happiness that remains in the memory in spite of its fleetingness. Whatever it may be, a recipe is not hard and fast like a law, it never stops evolving or transforming, according to the inspiration and taste of the lover of good food.

In the kitchen there are no taboos, no boundaries.

In his book, Guy Martin, an artiste au Grand Véfour (du Seuil editions), the executive chef presents fifty paintings illustrated or rather extended by fifty recipes directly inspired by these masterpieces.

For 2000, the one and only third star awarded by Michelin went to Guy Martin, who modestly considers this signal award to be the fruits of teamwork.

But honors do not incapacitate our artist. He never stops innovating or searching. When he became consultant to the largest restaurant in Osaka, the Japanese team came regularly to Paris to observe, taste, and develop new dishes under the alert, critical,

En marzo, el listón de la Legión de Honor vino a decorar el traje blanco, sin duda porque el arte de cocinar es un arte de vivir; una comida excepcional es frecuentemente más eficaz que un encuentro diplomático. ¡Un invitado feliz raramente resulta belicoso!

En una palabra, Guy Martin ama las emociones estéticas, la verdad de los sabores, el gusto, el compartir, el trabajo en equipo, con infinita constancia y humildad, sin olvidar una eterna e inagotable curiosidad.

generous eye of their teacher.

In 2003, this most-starred chef supervised Air France's catering service, and understandably: immense blue expanses, clouds, compass cards, trips and changes of scenery.

In March, the Legion of Honor ribbon was added to his white uniform, certainly because the art of cooking is the art of enjoying life; an exceptional meal is often more effective than a diplomatic conference. A happy guest is rarely aggressive.

In a word, Guy Martin loves aesthetic emotions, the reality of flavors, sharing, teamwork, with an infinite degree of constancy and humility, not to mention an infinite curiosity that is truly inexhaustible.

PARA 4 PERSONAS

INGREDIENTES:
- 2 filetes de cordero y 6 costillas
- 1 kg de habas
- 400 dl de fondo de cordero
- 2 riñones de cordero
- 75 g de mantequilla
- 1 cucharada de aceite de olivo

COSTRA DE ROMERO:
- 50 g de mantequilla
- 50 g de pan rallado
- 1 cucharadita de romero picado
- sal y pimienta

FILETE DE CORDERO EN COSTRA DE ROMERO, JUGOS Y COSTILLAS AHUMADOS, RAGÚ DE HABAS Y RIÑONES

PREPARACIÓN:
- Limpiar los filetes y aderezar las costillas.
- Desprender el filete de las costillas.
- Ahumar las costillas y 1.5 dl de fondo de cordero.
- Cortar en dos los filetes de cordero.
- Pelar, escaldar y enfriar las habas y quitar la membrana.
- Hacer un puré con 100 g de habas, ampliarlo con 1.5 dl de fondo de cordero y pasarlo por un tamiz.
- Salpimentar.
- Reservar el resto de las habas en el fondo de cordero restante.
- Preparar los riñones de cordero, cortarlos en dados y pasarlos por la sartén a fuego vivo, para luego ponerlos con las habas en el fondo.
- Reducir el fondo de cordero ahumado, batirlo con mantequilla y rectificar la sazón.

COSTRA DE ROMERO:
- Suavizar la mantequilla y mezclarla con el pan molido, el romero, la sal y la pimienta.
- Extender la costra entre dos hojas de papel encerado con el rodillo de repostería hasta tener un espesor de 3 mm.
- Refrigerar.
- Al endurecerse, cortar la costra de romero en rectángulos del tamaño de los filetes de cordero.
- Cocer en dos sartenes diferentes las costillas y los filetes de cordero.
- Después, hornear las costillas durante 5 minutos y los filetes durante 2 minutos.
- Colocar una rebanada de la costra de romero sobre los filetes y ponerlos en la salamandra para darle color.
- Cortar las costillas para separarlas.

PRESENTACIÓN:
- Disponer el puré de habas en un cuadrado de 8 cm a la izquierda del plato y encima el filete ligeramente desplazado.
- Colocar en la parte alta del plato 1 ó 2 costillas ahumadas y, a la derecha, la mezcla de habas y riñones.
- Pincelar con jugo ahumado.

INGREDIENTES:

PARA 4 PERSONAS

TEJAS:
- 100 g de mantequilla
- 100 g de azúcar glass
- 100 g de harina
- 100 g de claras de huevo

FRESAS MACHACADAS:
- 200 g de fresas
- 10 g de azúcar en polvo

SORBETE DE RUIBARBO:
- 1/2 l de agua
- 500 g de ruibarbo
- 100 g de azúcar
- 10 violetas

FRESAS EN GELATINA:
- 400 g de fresas
- 1/2 l de agua
- 2 g de agar-agar en polvo
- 60 g de azúcar

FRESAS MACHACADAS,
OTRAS EN GELATINA FINA, Y SORBETE DE RUIBARBO Y VIOLETAS

PREPARACIÓN:

TEJAS:
- Suavizar la mantequilla, añadir el azúcar glass, la harina y las claras de huevo, mezclar para obtener una pasta lisa.
- Hacer con cartulina el molde de un rectángulo de 15 cm x 7 cm.
- Extender la pasta en el molde lo más finamente posible y hornear 4 minutos a 200 °C.
- Al sacar del horno, enrollarlo alrededor de un rodillo de repostería.

SORBETE DE RUIBARBO:
- Limpiar el ruibarbo y cortarlo en trozos.
- Cocerlo en una cacerola con el agua y el azúcar.
- Llevar al punto de ebullición, hervir 15 minutos a fuego lento.
- Añadir las violetas y mezclar.
- Vaciar en un recipiente y dejar enfriar antes de ponerlo en el congelador al menos 6 horas.

FRESAS EN GELATINA:
- Llevar el agua con el azúcar a punto de ebullición, añadir el agar-agar, hervir de 3 a 4 minutos.
- Dejar enfriar a la temperatura ambiente.
- Cortar las fresas en dados pequeños. Mezclarlas con la gelatina.
- Guardar en el refrigerador.

FRESAS MACHACADAS:
- Machacar las fresas con el tenedor, mezclarlas con el azúcar.

PRESENTACIÓN:
- Poner en el centro de los platos un círculo de fresas machacadas y colocar encima la teja.
- Repartir las fresas en gelatina, que se habrán removido delicadamente con una cuchara, en las tejas.
- Con un tenedor, raspar el sorbete y llenar el resto de la teja con él.
- Servir inmediatamente.

LEDOYEN

CUATRO NOMBRES PARA UNA PLAZA
FOUR NAMES FOR A PLAZA

En 1748, para celebrar el restablecimiento del rey Luis XV que había enfermado en Metz, el preboste de los comerciantes y los regidores de París ordenó una estatua monumental a Bouchardon; hubo que encontrarle un lugar digno de un soberano y fue la explanada situada entre el Pont-Tournant del Jardín de Tullerías y el Cours-la-Reine. Acondicionada por Gabriel en 1772, la Place Louis XV formaba un octágono rodeado por un foso de veinte metros de ancho; un pabellón que contiene una escalera para descender a él se alza en cada ángulo. El pedestal construido por Chalgrin se ornamentó con estatuas de Pigalle que supuestamente representaban «las virtudes que hacían reinar al rey en los corazones»: la fuerza, la justicia, la prudencia, la paz… El actual Puente de la Concorde se construyó sobre el Sena en 1790 y, cuatro años más tarde, los *Caballos* de Marly se colocaron a la entrada de los Campos Elíseos. La Rue de Rivoli se abrió bajo Napoleón I, después el rey Luis Felipe hizo erigir ocho estatuas que simbolizaban grandes ciudades de Francia; se colocaron veinte columnas farolas así como dos fuentes con chorros de agua. Ofrecido por Mehemet-Alí en 1831, el obelisco que data de Ramsés II, es decir, del siglo XIII antes de Cristo, se erigió a su vez en 1836. Finalmente, Napoleón III inauguró su reinado moral haciendo tapar los fosos, que se habían convertido en lugares de citas nocturnas y galantes. Durante la Revolución Francesa, otro monumento se alzaría a partir de octubre de 1792: la tristemente célebre guillotina; 1,119 personas perdieron así la cabeza en la que entonces era la Plaza de la Revolución, entre ellos Luis XVI, la reina María Antonieta, Lavoisier, Danton, Robespierre y Saint-Just. Al día siguiente de la abolición de la realeza, la estatua de Luis XV fue derribada y reemplazada por la de la libertad, esculpida por Lemot, con gorro rojo y una lanza en la mano. Mme. Roland la contempló antes de subir al cadalso y pronunció las palabras que siguen siendo célebres: «¡Libertad! ¡Libertad! ¡Cuántos crímenes se cometen en tu nombre!» La Restauración decidió rebautizar el sangriento lugar «Place Louis XIV», luego en 1830, se decidió retomar una vez por todas el nombre atribuído en 1795: «Place de la Concorde». Gabriel construyó dos mansiones

In 1748, to celebrate the recovery of King Louis XV, who had fallen ill in Metz, the provost of merchants and the aldermen of Paris commissioned a monumental statue from Bouchardon; they had to find him a place worthy of the sovereign, which was the esplanade situated between the Swing-Bridge of the Garden of the Tuileries and the Cours la Reine. Laid out by Gabriel in 1772, Place Louis XV formed an octagon surrounded by a ditch twenty meters wide; a pavilion containing a staircase leading downstairs stood at every corner. The pedestal constructed by Chalgrin was decorated with statues by Pigalle supposed to represent the "Virtues that made the king reign over our hearts": Strength, Justice, Prudence, Peace… The present Bridge of the Concorde was built over the Seine in 1790 and, four years later, Marly's Horses were placed at the entrance to the Champs-Elysées. The Rue de Rivoli was opened during the reign of Napoleon I, then King Louis-Philippe had eight statues erected symbolizing large cities in France; twenty lamp posts were set up as well as two fountains with jets of water. A gift from Méhemet-Ali in 1831, the obelisk dating from Ramses II, i.e. 13th century B.C., was in turn erected in 1836. Finally, Napoleon III inaugurated his moral reign by having the ditches, which had become romantic rendez-vous by night, filled in. During the French Revolution, another monument was to stand beginning in October, 1792: the sadly famous guillotine; 1,119 people lost their head here on what was then the Place de la Revolution, including Louis XVI, Queen Marie-Antoinette, Lavoisier, Danton, Robespierre and Saint Just. The day following the abolition of royalty, the statue of Louis XV was overturned and replaced by that of Liberty, sculpted

monumentales y gemelas en el lado norte entre 1760 y 1775. La Marquesa de Coislin murió casi centenaria en el número 4. Rouillé de l'Estang, secretario del rey y tesorero general de la policía fue su vecino. Los Pastoret lo adquieren en 1811, antes de que la piadosa marquesa de Plessis-Bellière la legue al papa León XIII, quien lo vendió al Automóvil Club de Francia. El número 10 se rentó al duque de Aumont, luego se cedió al duque de Crillon, quien partió a la Revolución; sus descendientes lo habitaron hasta 1904 y, cinco años más tarde, el suntuoso edificio se convirtió en el Hotel de Crillon, dirección elegante para todo viajero digno de ese nombre. En el ángulo de la Rue Royale, los edificios fueron afectados por el Guardamuebles de la Corona; María Antonieta se hizo acondicionar ahí un pequeño apartamento cuando dejaba Versalles para ir a París. En 1792, la mansión se convirtió en sede del Ministerio de Marina. A pesar de su extrema belleza, lo que los parisienses laman « La Concorde » es, en su mente, sinónimo de atascos permanentes; no es menos real que hay pocos lugares que están a tal grado cargados de historia.

by Lemot, with a red cap and a spear in her hand. Mme. Roland looked at it before mounting the scaffold and left behind this saying which has remained famous: "Liberty! Liberty! How many crimes are committed in thy name!" The Restoration decided to rename this bloody site "Place Louis XVI", and then, in 1830, it was decided it would take back, once and for all, the name given it in 1795: "Place de la Concorde". Two monumental, twin mansions were constructed by Gabriel on the north side between 1760 and 1775. The Marquise de Coislin died at nearly one hundred years of age at No. 4. Rouillé de l'Estang, secretary to the king and general treasurer of the Police, was her neighbor. The Pastorets acquired it in 1811, before the devout Marquise de Plessis-Bellière bequeathed it to Pope Leo XIII, who sold it to the Automobile Club of France. No. 10 was rented to the Duke of Aumont, then transferred to the Duke of Crillon, who emigrated at the time of the Revolution; his descendants lived here until 1904 and, five years later, this sumptuous building became the Hotel de Crillon, an elegant address for any traveler worthy of that name. At the corner of Rue Royale, the buildings were assigned to the Furniture Depository of the Crown; Marie-Antoinette had had a small apartment fitted out when she left Versailles for Paris. In 1792, the mansion became the headquarters for the Ministry of the Marine. In spite of its extreme beauty, what Parisians call "la Concorde" is, in their mind, a synonym of permanent traffic jams; few places remain that are so laden with history.

El Obelisco de la Concordia

Desmasures, hasta entonces comerciante de vinos, se establece en 1770 en los Campos Elíseos y abre un cabaret merendero con la enseña del "Delfín". Una población ávida de beber se precipita ahí. El 4 de agosto de 1791, Pierre-Michel Doyen retoma el negocio situado en el primer cuadro de los jardines. El establecimiento es entonces un albergue campestre donde las vacas pastan en proximidad, donde los cancioneros venden sus últimos aires de moda cerca de la guillotina, que se alza en la Plaza de la Revolución (actual Plaza de la Concorde). El restaurante se vuelve el punto de referencia de los adversarios del frugal Robespierre. Durante el Directorio, los Campos Elíseos son un sitio destacado de vicio y desenfreno. Las Maravillosas, ataviadas a la antigua con vestidos vaporosos, se dejan seducir por los Increíbles con bicornio y saco de rayas abigarradas. Con Napoleón I, el Ledoyen adquiere sus cartas de nobleza después de un corto eclipse, y se convierte en un restaurante chic frecuentado por la nueva aristocracia. La carta cuenta, en 1814, con 241 platillos y una cava impresionante. Muy al principio del siglo, Joseph Berchoux había aventurado una palabra a la que se prometía un rico futuro: *gastronomía*. Los placeres de la boca y del estómago se elevaron al rango de arte de vivir, que Balzac celebra y que Marie Antoine Carème, cocinero de Talleyrand, del zar Alejandro y del rey de Inglaterra, simboliza. Brillat-Savarin institucionaliza la fisiología del gusto y sus leyes. El Ledoyen se beneficia de una reestructuración arquitectónica cuyo iniciador es un fanático del helenismo: Jacob

ENCUENTRO DE ARTISTAS
MEETING OF ARTISTS

LEDOYEN

Desmasures, formerly a wine merchant, took up residence in the Champs-Elysées in 1770 and opened a café-cabaret under the signboard of the "Dolphin". A population that was eager to clink glasses crowded there to drink. On August 4, 1791, Pierre-Michel Doyen took over the business, which was situated in the first square of the gardens. The establishment was then a country inn where cows grazed close by, where cabaret singers sold the latest fashionable songs close to the guillotine that stood in the Place de la Revolution (now Place de la Concorde). The restaurant became a landmark for the adversaries of the frugal Robespierre. Under the Directory, the Champs-Elysées was a den of vice and dissolute living. The Merveillleuses (fashionable ladies), draped in the ancient style in flimsy dresses, let themselves be seduced by the Incroyables (beaux) in cocked hats and multi-colored striped jackets. Under Napoleon I, Ledoyen proved its worth, after a short eclipse, and became a chic restaurant patronized by the new aristocracy. The menu included, in 1814, 241 dishes and an impressive wine cellar. At the very beginning of the century, Joseph Berchoux had proposed a word destined for a rich future: gastronomie. Pleasures of the mouth and stomach were raised to the rank of a way of life that Balzac extols and Marie Antoine Carème, chef for Talleyrand, Czar

Hittorff. Este reforma la Concorde y da fin a la construcción del célebre restaurante en 1842, sin olvidar una nota personal y florida aún presente, la fuente de los jardines. El Ledoyen se vuelve punto de reunión obligado, las elegantes y los *dandies* se exhiben ahí, las mujeres de mundo fingen no reconocer a las de otra clase, egerias de la burguesía triunfante; los políticos escriben la historia sentados a la mesa, entre las volutas de los puros prohibidos en la Cámara muy cerca de ahí. La capital se envilece, cambia de hábitos alimenticios y de regímenes. Entre dos revoluciones, el *Tout-Paris* de la Monarquía de Julio y del Segundo Imperio desfila y se pasea por los Campos Elíseos. El Ledoyen es entonces el restaurante preferido de los duelistas: en él, el general Boulanger y Alejandro Dumas se consuelan bebiendo champagne. Los novelistas que van con la moda, Goncourt, Zola, Daudet se encuentran en torno a un chablis; los pintores Monet, Cézanne, Pissarro, Degas, Manet celebran el honor de pertenecer al Salón de los Rechazados. A principios del siglo XX, el Ledoyen es frecuentado tanto por las principales coristas como por el Príncipe de Gales. El pabellón se amplía y en 1909 se gusta de visitarlo para disfrutar los platillos de moda: trucha en salsa verde, pollo asado a la diabla, setas a la bordelesa… Gide y Copeau cenan en el restaurante para celebrar la fundación de la *Nouvelle Revue française*; además, los escritores no abandonarán jamás este remanso de paz: Claudel, Giraudoux, Larbaud, Morand, Saint-John Perse elevan el lugar a embajada del gusto. A restaurante único, momentos únicos, inolvidables, cargados de recuerdos, del placer de compartir una comida de excepción: espuma de mar con cangrejo araña descortezado en caparazón; blanco de rodaballo de línea *juste-poché*, emulsión de cítricos en aceite de oliva; pechuga de paloma con pan de especias, jugo de zanahorias al cilantro; piña merengada, marinada en vino blanco… Aquí, el gusto de vivir retoma su sentido, al punto que el Ledoyen parece condensar el espíritu de la capital.

Alexandre and the King of England, symbolizes. Brillat-Savarin institutionalized the physiology of taste and its laws. Ledoyen benefited from an architectural "rethinking" initiated by a man who was mad about Hellenism: Jacob Hittorff. He redesigned the Concorde and finished the reconstruction of the famous restaurant in 1842, without forgetting a personal, flowery note always present, the fountain of the gardens. Ledoyen became an obligatory rendez-vous: the elegant ladies and dandies displayed themselves there; society ladies pretended not to recognize the demi-mondaines, muses of the triumphant bourgeoisie; politicians wrote history there at the tables, in wreaths of smoke from cigars that were forbidden in the nearby House. The capital loosened up and changed its food habits and diets… Between two revolutions, all of the Paris of the Monarchy of July and the Second Empire paraded and strolled along the Champs-Elysées. Ledoyen was then the favorite restaurant of duelists: General Baker and Alexander Dumas consoled themselves there, drinking champagne. Novelists in fashion, Goncourt, Zola, and Daudet, met over a chablis; painters Monet, Cézanne, Pissarro, Degas, Manet celebrated the honor of belonging to the Salon des Refusés. At the beginning of the 20th century, Ledoyen was just as likely to be patronized by the leading chorus girls as by the Prince of Wales. The pavilion was enlarged and, in 1909, people enjoyed coming to taste the fashionable dishes: trout in green sauce, grilled chicken à la diable, ceps Bordeaux style… Gide and Copeau dined there to celebrate the founding of the Nouvelle revue française; *moreover, writers were never to desert this haven of peace: Claudel, Giraudoux, Larbaud, Morand, and Saint-John Perse raised the premises to the level of an embassy of taste. For a unique restaurant, unique, unforgettable moments, laden with memories, of the pleasure of sharing an exceptional meal: Sea Foam with Shelled Spider Crab in the Shell; Just-Braised White of Line Turbot, Emulsion of Citrus Fruit with Olive Oil; Pigeon Breast with Gingerbread, Carrot Juice with Coriander; Pineapple Covered in Meringue, Marinated in White Wine… Here, the gentle way of life recaptures its meaning, to the point that Ledoyen seems to condense the spirit of the capital city.*

INGREDIENTES:

GELATINA DE CANGREJO ARAÑA:
- 4 cangrejos araña medianos
- 2 chalotas
- 2 dientes de ajo
- 12 tomates pelados
- 1 zanahoria
- 1 hoja de laurel
- 1 rama de tomillo
- 1/2 l de vino blanco
- 3 l de fondo blanco
- 2 tallos de poro

CLARIFICACIÓN:
- 2 tallos de poro
- 10 claras de huevo
- 50 g de betabeles
- 2 tomates pelados
- 1 zanahoria
- vinagre de sidra
- sal y pimienta

GUARNICIÓN:
- 1/2 hinojo en bulbo
- 1 calabacín
- 1/2 pimiento rojo
- 20 g de caviar oscietra
- 1/2 pimiento verde
- 1/2 l de crema batida
- 10 espárragos verdes
- 1/2 l de mayonesa
- 120 g de carne de cangrejo araña
- tabasco al gusto

CANGREJO ARAÑA EN CAPARAZÓN PELADO

PREPARACIÓN:

GELATINA:
- Quitarles las patas a los cangrejos y vaciar los caparazones. Triturar el interior y reservar los caparazones.
- Rebanar las chalotas, los tomates, los poros, machacar el ajo.
- En una cacerola, sudar ligeramente los interiores de los cangrejos. Añadir la guarnición aromática: el tomillo y el laurel.
- Desglasear con vino blanco y dejar reducir.
- Bañar con el fondo blanco hasta cubrir y dejar cocer 3 horas.

CLARIFICACIÓN:
- Rebanar los tallos de poro, los tomates, la zanahoria y el betabel y mezclar todo con las claras de huevo.
- Clarificar. Una vez cocido, pasar por el colador de estameña.
- Pegar el jugo con 10 láminas de gelatina por litro.
- Sazonar con sal, pimienta y vinagre de sidra.

GUARNICIÓN:
- Cortar una *brunoisse* muy fina con el hinojo, el pimiento rojo, el pimiento verde y el calabacín.
- Blanquear en agua los vegetales, dejándolos crujientes.
- Mezclar la *brunoisse* con la gelatina de cangrejo araña y el caviar.
- Cocer los espárragos verdes a la inglesa. Pasar por el thermomix y por el tamiz.
- Mezclar el puré de espárragos con la crema batida.
- Montar 1/2 litro de mayonesa con la carne del cangrejo araña, levantar bien.

PRESENTACIÓN:
- Tomar un caparazón de cangrejo y ponerlo en una cama de sal para estabilizarlo.
- En el fondo, revestir con el puré de espárragos.
- Por encima, disponer la carne del cangrejo araña con la mayonesa, cubrir seguidamente con la gelatina de *brunoisse* y el caviar.
- Dejar que cuaje en el refrigerador.
- Gelificar los caparazones.

CHRISTIAN LE SQUER

F. B.: ¿Fue el Ledoyen una sopresa para usted?

C.L.S.: Sí, mi carrera profesional ha sido muy rápida: mi primer puesto de chef data de 1994, en el Grand Hôtel. En 1996 vino nuestra primera estrella, llegamos al Ledoyen en noviembre del mismo año; la segunda estrella, unos meses más tarde, y en 2002 nos promovieron al grado supremo. Pero hay que separar la vida de las estrellas de la vida privada; a pesar de todo, esa recompensa absoluta es un hito, y ese hito hace que mañana se convierta en cocinero. Es semejante al salto de altura: mientras más alta pone la barra, más trata de obtener resultados rápidamente.

F. B.: ¿Causan angustia las estrellas?

C.L.S.: Todo depende de su mentalidad, de la manera como contemple la cocina, de si tiene lo que yo llamo "la mentalidad del cliente". Cada vez que creamos un platillo, debemos ponernos en la piel del cliente; si como cocinero tenemos la misma sensación que el que come el plato, todo está ganado. Mi mayor deseo es que el cliente conserve en la memoria lo que comió, que hable de ello, que diga que el Ledoyen es excelente, ese es mi concepto de la cocina.

F. B.: ¿Cómo trabaja usted?

C.L.S.: Con las estaciones. No hacemos las cartas con seis meses de anticipación. Cuando comienza la estación, mandamos traer los productos en cantidades reducidas; las morillas de Turquía llegan con las francesas, por ejemplo. Trabajamos con miras a un resultado, eso nos permite, cuando empieza la estación en Francia, echar a andar la carta. Y si llegan a faltar ideas y consideramos que tal platillo estaba mejor el año anterior, pues bien, lo conservamos. No hay que crear por crear, sino para que haya buenos resultados. Tenemos muchos proveedores en provincia; los vemos una vez al año. Saben lo que queremos y que vamos a probar los productos. Les explicamos cómo vamos a trabajarlos, cómo funciona la casa, cómo debe adaptarse lo que compramos a lo que intentamos hacer.

F. B.: ¿Sintió usted muy pronto la vocación?

B.L.S.: Sí, a los doce años. Soy bretón, de Lorient, para ser precisos. En casa cultivábamos la tierra, también éramos marineros de pesca. A los doce años salí al mar, quince días en un barco de arrastre, me di cuenta de que no estaba hecho para ser pescador y, como me gustaba pasarme la vida con el cocinero y también en el mercado, comprendí lo que quería hacer. En la mesa todo el mundo se parece, se acaban las distinciones sociales; la hora de la comida es la hora de la comunicación y, frente a esa gente que habla con mucha sencillez, sentía un deseo: dar placer. Creo que también era un poco goloso y luego, me encantaba ver a la gente comer con una sonrisa,

F. B.: Was Ledoyen a surprise for you?

C.L.S.: Yes, my professional career has moved very fast: my first chef's position dates from 1994, at the Grand Hotel. Our first star was in 1996; we arrived at Ledoyen in November of the same year; the second star, a few months later and, in 2002, we were promoted to the highest rank. Everything happened in a flash…But you have to separate your life with the stars from your private life; in spite of everything, this absolute reward is a landmark and this landmark means that tomorrow you become a chef. It's like the high jump: the higher you place the bar, the faster you try to get results.

F. B.: Is this very tense, getting the stars?

C.L.S.: It all depends on your mentality, on the way you think about cuisine, if you have what I call a "customer's mentality". Every time we create a dish, we have to put ourselves in the customer's place; if we, as chef, have the same sensation as the one who is eating the dish, the battle is won. My dearest wish is for the customer to keep in his memory what he ate, for him to talk about it, for him to say that, at Ledoyen, it's excellent, that's my concept of cuisine.

F. B.: How do you work?

C.L.S.: With the seasons. We don't choose menus six months in advance. When the season begins, we have products delivered in small quantities; morels from Turkey arrive with the French ones for example. We work with a performance in view; that allows us, when the season arrives in France, to launch the menu. And if we begin to lack ideas and if we consider such and such a dish was better the previous year, then we keep it. It isn't necessary to create for the sake of creating, but rather for the result to be effective. We have a lot of suppliers in the provinces; we see them once a year. They know what we want and that we're going to test their products. We explain to them how we're going to work with them, how the establishment functions, how what we buy has to fit in with what we're trying to do.

F. B.: Did you have a vocation for cooking very early on?

es señal de que comer es un momento de descanso, y eso es lo que me gustó. Después vino la formación, busqué una escuela de hotelería, trabajé con muchos grandes chefs que me explicaron las técnicas y la administración.

F. B.: ¿Qué piensa de los cocineros?

C.L.S.: Son cada vez más cultos; ya nadie puede dedicarse a la cocina sin tener un buen nivel escolar. Se exige mucho de un chef, no solamente cocinar, sino además saber dirigir una empresa. En mi opinión, conocer las reglas de la mercadotecnia. No basta tener el don, hay que saber conducirse, ponerse en el nivel de las personas a las que se atiende. Recibimos a muchas personas que piden conocer al chef, que juzgan su comportamiento, y todo eso se aprende.

F. B.: Según usted ¿la cocina es un arte?

C.L.S.: Un arte de recibir, de dar placer, de componer con el paladar como un perfumista compone con la nariz. Siempre les digo a mis jóvenes cocineros: "La cocina es como el estudio de la medicina; cuando salen de la escuela, pasan al aprendizaje: van con un chef para aprender, como los médicos van a aprender su trabajo con los grandes profesores."

F. B.: ¿Tiene usted pasiones paralelas?

C.L.S.: Me gusta mucho hacer deporte, caminar, nadar; eso me relaja. Sé que no conozco nada de arte, pero me gusta leer. Caminar mucho rato por una ciudad me permite impregnarme de su cultura; por la tarde, a veces voy a ver los escaparates de los grandes modistos, la manera en que el diseñador escogió los colores me da ideas para mi cocina. Las diferentes culturas presentes en Londres, por ejemplo, me inspiraron mucho, veo en ellas una apertura de la mente, la tendencia del mañana.

F. B.: ¿Qué influencia ejerció su mamá?

C.L.S.: Su cocina era muy simple y tenía gusto. Nuestra cultura culinaria es muy rica y hace pensar mucho en países extranjeros; mis hijos tienen esa cultura del paladar que es natural en la mayoría de los hogares franceses de la actualidad. En Francia nos gusta recibir, y cuando invita a alguien a su mesa, usted quiere que todo esté perfecto. El papel del cocinero es idéntico. Pienso que toda inspiración culinaria está relacionada con un hogar. Yo vivía en un puerto, junto a Carnac. Nuestra vida era correr por el muelle, saltar en el agua, respirar el aire yodado; nací con ese olor a mar. Lo recuerdo mucho, tanto y tan bien, que cuando no está lo suficientemente yodado, que no huele a mar lo suficientemente, el platillo no corresponde a mi estilo de cocina. El día de mañana, cada chef que quiera hacer una cocina de alto nivel deberá estar marcado por algo fuerte, poderoso.

F. B.: ¿Quiénes son los chefs que lo han marcado más?

C.L.S.: Ducasse me ha influido. Para mí, es un gran creador de cocina, que siempre

C.L.S.: Yes, at twelve years of age. I'm a Breton, from Lorient to be exact. At home, we cultivated the land, we were also deep-sea fishermen. At twelve, I went to sea for two weeks on a trawler; I realized I was not cut out to be a deep-sea fisherman and, since I liked to spend all day long with the cook, and also at the market, I understood what I wanted to do. At the table, everybody is the same, there are no more social distinctions; mealtime is the time for communication and, with these people who spoke very simply, I only wanted one thing, to give them pleasure. I think that I was also a bit of a gourmand, and then I love to watch people eating with a smile; it's the sign that eating is a moment for relaxing, that's what I liked. Then came the training, I looked for a hotel school, I worked with a lot of great chefs who explained techniques to me, and management.

F. B.: What do you think of chefs?

C.L.S.: They are becoming more and more cultivated; no one can cook any more without having a good educational level. A lot is required of a chef, not only to cook but also to know how to run a business. In my opinion, he should know the rules of marketing. Being gifted is not enough, you have to know how to behave, how to be at the level of the people you receive. We receive a lot of people who ask to meet the chef, to judge his behavior, and all this learned.

F. B.: In your opinion, is cuisine an art?

C.L.S.: An art of receiving, giving pleasure, composing with the palate as a perfumer composes with his nose. I always tell my young cooks: "Cuisine is like medical studies; when you leave school, you begin your training: you're going to watch a chef so you can learn, the same way doctors learn their

está investigando, sacando provecho de otras culturas, reflexionando. El señor Huguet, del Ritz, me enseñó cómo dirigir un equipo, cómo darse a respetar, cómo actuar para que todo el mundo trabaje en el mismo sentido, lo que en realidad no es evidente. Sin equipo, un chef no es nada. Ducasse me inspira. Nos enseñó que más allá de la cocina hay otra cosa, una manera de explotar nuestros valores profesionales que son raros.

F. B.: ¿Qué piensa usted de la internacionalización de la cocina?

C.L.S.: Es el futuro. Pero lo más importante es saber que mañana habrá que ser capaz no solamente de llevar un restaurante, sino de darse a conocer como una marca; cuando usted va con un gran chef, compra un talento, una calidad, pero también el respeto a las reglas de higiene, de todo.

F. B.: Usted es uno de los chefs de tres estrellas más jóvenes.

C.L.S.: Sí, pero ¿qué vamos a hacer mañana? Yo no sabía que iba a ser un gran chef de cocina. Cuando empieza, sabe dónde está, pero no sabe a dónde va. Mi equipo ganó esas estrellas, una a una; no soy nada sin ellos. En la actualidad, pienso que no se puede esperar obtener resultados rápidos solamente, eso no basta. Todo debe prepararse por adelantado. Un establecimiento de esta categoría es una máquina enorme. El chef no puede ver todo, descansa en su equipo. Con frecuencia comparo la cocina con la Fórmula 1, sin equipo, no hay corredor, se queda uno en el taller.

profession from great professors."

F. B.: Do you have any other passions?

C.L.S.: I like to do sports a lot, walking, swimming; it relaxes me. In art, I know that I don't know anything about it, but I like to read. Walking for a long time in a city enables me to absorb its culture; in the afternoon, I sometimes go to look at the shop windows of couturiers, the way the designer has chosen the colors gives me ideas for my cooking. The different cultures present in London have greatly inspired me, for example; I see an open-mindedness, tomorrow's trend.

F. B.: What influence did your mother have?

C.L.S.: She prepared a simple cuisine that had flavor. Our culinary culture is very rich and makes a lot of foreign countries dream; my children have this culture of the palate which is natural in most French homes today. In France, we like to entertain, and when you invite someone to your table, you want everything to be perfect. The chef's role is identical. I think all culinary inspiration is related to the home. I lived in a port, next to Carnac. Our life was running along the quay, jumping in the water, breathing the iodized air; I was born with this smell of the sea. It always comes back to me, so much so that, when it's not iodized enough, when it doesn't smell enough like the sea, the dish doesn't correspond to my style of cooking. Tomorrow, every chef who wants to make high-level cuisine will have to be influenced by something strong and powerful.

F. B.: Who are the chefs who have left the greatest impression on you?

C.L.S.: Ducasse influenced me. To me he is a very great creator of cuisine, always looking, taking advantage of other cultures, a person who reflects. Mr. Huguet, at the Ritz, taught me how manage a team, how to gain respect, how to proceed so that everybody can work in the same direction; which is really not obvious. Without a team, a chef is nothing. Ducasse inspires me. He taught us that in addition to cooking, there is something else, a way to exploit our professional values, which are rare.

F. B.: What do you think of the internationalization of cuisine?

C.L.S.: It's the future. But most important of all is knowing that, tomorrow, it will be necessary not only to be able to run a restaurant but to make oneself known like a brand name; when you patronize a great chef, you buy a talent, a quality, but also respect for the rules of hygiene, of everything.

F. B.: You are one of the youngest three-star chefs.

C.L.S.: Yes, but tomorrow, what will we do? I didn't know I was going to be a "great" chef. When you begin, you know where you are, but you don't know where you're going. My team won these stars, one by one; I'm nothing without them. Nowadays, I think you can't hope to get fast results alone, it's not enough. Everything must be prepared in advance. An establishment of this category is an enormous machine. The chef is not able to watch everything, he relies on his team. I often compare cuisine to the Formula 1, without a team there's no racer, you stay in the garage.

INGREDIENTES:

- 4 palomas de 500 g con la cabeza.
- 100 g de hígado de paloma
- 100 g de hígado de pato
- 50 g de tocino graso
- 20 zanahorias con hojas
- 4 espárragos *ballets*
- 8 cebollas miniatura tiernas
- 2 dl de coñac

- 1 rama de tomillo
- 1 chalota
- 12 zanahorias grandes
- 1/2 manojo de cilantro
- 2 naranjas
- 1 limón
- salsa thai
- marinada de soya

PARRILLADA DE PALOMAS
EN CRAPAUDINE LAQUEADAS CON SOYA,
ZANAHORIAS CARAMELIZADAS

PREPARACIÓN:

- Lavar y preparar las zanahorias con hojas, los espárragos y las cebollas tiernas.
- Cocer los espárragos a la inglesa.
- Glasear hasta dorar las cebollas tiernas.
- Cocer en fondo blanco 16 zanahorias con las hojas enteras.
- Cortar en bisel y cocer a la inglesa las 4 zanahorias restantes.
- Lavar y pelar las zanahorias grandes y después pasarlas por el extractor.
- Extraer el jugo de las naranjas y el limón.
- Lavar y triturar el cilantro.
- Preparar las palomas en *crapaudine* y guardar los pescuezos y las cabezas.

RELLENO GRATIN:

- Pasar por la sartén el hígado de paloma, añadir el tocino graso cortado en dados pequeños, la chalota picada, la rama de tomillo y desglasear con coñac.
- Aparte, escalfar los *foies gras* de pato.
- Mezclar y pasar por el cúter de manera de picar todo.
- Pasar por el tamiz y reservar en frío.

SALSA:

- Reducir el jugo de las zanahorias, el cilantro picado y el jugo de naranja.
- Pasar por el colador.
- Montar con mantequilla ligeramente, rectificar la sazón con la salsa thai y el jugo de limón.
- Volver a pasar por el colador.

PREPARACIÓN DE LAS PALOMAS:

- Cocer a la parrilla la paloma, después en una sartén, saltear para que se coloree ligeramente.
- Desglasear con la marinada de soya y hornear.
- Una vez cocida, retirar la paloma y dejar reposar.
- Recuperar la cabeza de la paloma y abrirla en dos a lo largo.
- Quitar los ojos y rellenarla con el relleno *gratin*.
- Terminar la cocción de las cabezas rellenas en la salamandra.
- Pasar por la sartén las zanahorias con las hojas biseladas y las cebollas glaseadas.
- Calentar las zanahorias enteras y los espárragos en un poco de fondo blanco.
- Deshuesar las supremas de paloma, así como los muslos.
- Pasarlos por la marinada de soya reducida, de manera a laquearlas.

PRESENTACIÓN:

- Disponer un poco de salsa en el fondo del plato, poner sobre ella las dos supremas de paloma.
- En medio de éstas, colocar las zanahorias biseladas, las cebollas glaseadas y clavar las zanahorias y el espárrago.
- Colocar la cabeza en tresbolillo por encima de la guarnición.
- Colocar los muslos en el frente del plato bien levantados.
- Bañar con un hilo de salsa todo alrededor del plato.

INGREDIENTES:

- Cáscaras de toronja confitadas
- Sorbete de cítricos
- 4 toronjas rosadas
- 8 *arlettes* de forma rectangular de 8 x 4 cm

SORBETE DE CÍTRICOS:

- 1 l de jugo de toronja
- 1 l de jugo de limón
- 1 l de jugo de naranja
- 1 kg de azúcar
- 375 g de agua
- 150 g de trimoline

HOJAS DE AZÚCAR:

- 1 kg de azúcar
- 300 g de agua
- 300 g de glucosa

MILHOJAS DE CÁSCARAS DE TORONJA CONFITADAS, SORBETE DE CÍTRICOS

PREPARACIÓN:

SORBETE DE CÍTRICOS:

- Calentar el agua, el jugo de limón, el azúcar y la trimoline.
- Mezclar con los otros jugos de frutas.
- Colar, enfriar, mezclar en la licuadora.

CÁSCARAS DE TORONJA CONFITADAS:

- Blanquear 5 veces las cáscaras de toronja.
- Pesar las cáscaras peladas e incorporar el mismo peso de azúcar y 10% de glucosa en relación al azúcar.
- Cubrir con agua y cocer a fuego bajo hasta que se confiten las cáscaras.

HOJAS DE AZÚCAR:

- Cocción a 150 °C
- Cocer el azúcar en un *silpat* (papel de cocción), vaciar y romper con la cortadora.
- Cortar hojas de papel de cocción del mismo tamaño que la laminadora.
- Poner azúcar en polvo en una hoja de papel de cocción y hornearla.
- Retirar antes de que haya coloración.
- Poner otra hoja encima y pasar por la laminadora a 1.
- Cortar en la forma deseada.

PRESENTACIÓN:

- Hacer segmentos de toronja.
- Alternar sucesivamente: una *arlette*, segmentos de toronja y cáscaras confitadas.
- Terminar con una bola de sorbete de cítricos y eventualmente, una tajada de naranja desecada o rectángulos de galleta *arlette*.

LUCAS CARTON

Un Partenón parisiense

A parisian Parthenon

La Madeleine, forma abreviada de Santa María Magdalena, no es tan solo una iglesia sorprendente por su arquitectura austera, sino además un barrio entre los más encopetados de la capital. Su historia es una novela: pocos edificios vieron sucederse tantos proyectos y arquitectos. En 1238 se consagró ahí una iglesia a la santa, símbolo de la humanidad pecadora. Posteriormente, sobre el antiguo santuario gótico, se levantó un lugar de culto de estilo clásico que muy pronto parece demasiado modesto a los ricos habitantes del barrio. En efecto, la marquesa de Pompadour, amante oficial del rey Luis XV y propietaria de la mansión de Evreux, futuro Palacio del Elíseo, vivió en la parroquia, no lejos de la mansión de Grimod de la Reynière, árbitro del arte culinario del siglo XVIII.

El proyecto de edificar una nueva iglesia, confiado a Contant d'Ivry, arquitecto del duque de Orleáns, se aplaza hasta 1763 para quedar suspendido un año después de la colocación de la primera piedra. Couture retoma el proyecto hasta la Revolución Francesa, multiplica las columnatas (52 columnas de 20 metros de alto) y lo abandona. Demolido en 1799, el antiguo santuario espera, no se sabe qué hacer con él: una Asamblea Nacional, la Bolsa, una biblioteca, una ópera, un tribunal, un templo de la Revolución... Napoleón zanja, será un templo de la gloria "dedicado a su ejército, victorioso bajo sus órdenes y por su ingenio". En 1806, impone a Vignon, alumno de Ledoux, el teórico de la ciudad ideal, quien retoma la antorcha casi extinta y diseña un monumento inspirado en el Panteón de Soufflot. En 1814, en el reinado de Luis XVIII, la Madeleine está a punto de convertirse en una iglesia expiatoria construida en memoria de Luis XVI, decapitado unos veinte años antes muy cerca de ahí en la Plaza de la Revolución, hoy Plaza de la Concordia. A pesar de las permanentes vacilaciones del poder, el templo se erige lentamente. A la muerte de Vignon, Huvé prosigue los trabajos: durante catorce años, el edificio se vuelve un enjambre en el que marmoleros y escultores se afanan.

La Madeleine es ciertamente el monumento parisiense que encierra el mayor número de obras de artistas románticos de renombre: pinturas de Ziegler y Delaroche, el altar mayor de Marochetti, las puertas de bronce de Triqueti, el frontón de Lemaire,

The "Madeleine" (Parisian abbreviation for Saint Mary Magdalene) is not only a church that is astonishing for its austere architecture but also a district that is among the poshest in the capital city. The history of the monument reads like a novel: few buildings have seen as many projects or architects follow in succession. From 1238 on, a church was dedicated to the saint, a symbol of sinful humanity and then, on the former Gothic sanctuary, was built a place of worship in the classic style that quickly seemed too modest for the rich inhabitants of the district. Indeed, the Marquise de Pompadour, King Louis XV's official mistress and owner of the Evreux residence, the future Élysée Palace, lived in the parish not far from the mansion of Grimod de la Reynière, adjudicator of the culinary art of the 18th century.

The project of building a new church, entrusted to Contant d'Ivry (1698-1777), architect for the Duke of Orleans, dragged on until 1763. A year after the laying of the first stone, everything was stopped. Couture resumed the project until the French Revolution (1789), increased the number of colonnades (52 columns, 20 meters high) and abandoned it. Demolished in 1799, the former sanctuary waited, no one knew what to do with it: a National Assembly, the Stock Market, a library, an opera theater, a courthouse, a Temple to the Revolution... Napoleon reached a decision, it was to be a Temple to Glory, "dedicated to his army, victorious under his orders and through his genius". In 1806, he brought in Vignon (1763-1828), a pupil of Ledoux, theoretician of the ideal city, who took up the nearly extinguished torch and designed a monument inspired by Soufflot's Panthéon. In 1814, during the reign of Louis XVIII,

las esculturas de Rude y Pradier y el gran órgano de Cavaillé-Coll inaugurado en 1842, cuando tuvo lugar la consagración solemne. Parroquia del Elíseo, la Madeleine es también un lugar de culto muy chic, mundano y cosmopolita a la vez. Ahí se honraron los restos mortales de Chopin en 1848 y los de Coco Chanel en 1971, por no citar más que dos grandes nombres; hoy se visita el lugar tanto para rezar como para subir los veintiún escalones de la monumental escalinata, con el fin de disfrutar de la vista de la Rue Royale, el obelisco de la Concordia, el Palacio Bourbon, sede de la Asamblea Nacional, o la cúpula dorada de los Inválidos. Y si Larue, el restaurador preferido de Marcel Proust, ya no está, las estrellas del Lucas Carton debidas a Alain Senderens brillan en la Plaza de la Madeleine, al amparo de este Partenón parisiense, sin decaer nunca.

the Madeleine nearly became an expiatory church raised to the memory and glory of Louis XVI, who was decapitated nearby in the Place de la Révolution (today Place de la Concorde). In spite of continuous hesitations in the political power, the temple was slowly constructed. Upon the death of Vignon, Huvé continued the work; the building became a beehive of activity where, for fourteen years, marble workers and sculptors bustled about.

The Madeleine is certainly the Parisian monument that houses the most works by great romantic artists: Ziegler, Delaroche (paintings), Marochetti (high altar), Triqueti (bronze doors), Lemaire (pediment), Rude, Pradier (sculptures), Cavaillé-Coll (great organ inaugurated in 1842, the year of the formal consecration). Being the Élysée Parish, the Madeleine is also a very "stylish" place of worship, both select and cosmopolitan at the same time. Yesterday, the remains of Chopin (1839) and of Coco Chanel (1971) were honored there, to mention only two great names; today, people come to pray as well as to climb the 28 steps of the monumental stairway to enjoy the view onto Rue Royale, the Obelisk of the Concorde, Bourbon Palace (National Assembly) or the dome of Les Invalides. And although Larue, Marcel Proust's favorite restauranteur, is departed, Lucas Carton's stars due to Alain Senderens shine in the Place de la Madeleine, in the shadow of this Parisian Parthenon, without ever waning.

JARDÍN DE TULLERÍAS

Contra toda apariencia ¡Lucas nunca conoció a Carton! Todo comienza en 1732, durante el reinado de Luis XV el Bienamado, cuando Robert Lucas, de origen británico, abre un cabaret o más precisamente, una taberna inglesa, en la que antes era la calle de la Bonne Morue y hoy es Boissy d'Anglas en el VIII distrito de París. Carnes y pudines dan renombre al establecimiento; hay que decir que la anglomanía hace furor y que Voltaire gusta de celebrar a la Blanca Albión y su sistema político. En 1851, Luis Napoleón Bonaparte es príncipe presidente y pronto será emperador, y el propietario del Restaurante de la Madeleine (la iglesia del mismo nombre está a dos pasos), consciente del prestigio de su predecesor, cambia su enseña por Taberna Lucas. Una historia de éxito no le hace mal al futuro de un establecimiento...

Durante la Tercera República, en 1890 (la Torre Eiffel apenas se había inaugurado un año antes), Scaliet compra la fructífera taberna y en 1902 decide vestirla estilo art nouveau, con un decorado sobrio y de buen gusto en el que el bronce se une al sicomoro. Los talleres de Luis Majorelle, célebre representante de la escuela de Nancy, se

DEL ROAST BEEF AL CULTO DEL VINO
FROM ROAST BEEF AND PUDDING TO THE CULT OF WINE

LUCAS CARTON

Contrary to appearances, Lucas never met Carton! It all began in 1732. That year, during the reign of Louis XV the Well-Beloved, Robert Lucas, of British origin, opened an inn, or more precisely an "English Tavern," on Rue de la Bonne Morue, today Rue Boissy d'Anglas, in Paris's 8th arrondissement (administrative district). Meats and puddings created the establishment's fame; it should be mentioned that anglomania was the rage and Voltaire liked to pay tribute to Albion (the White) and its political system. In 1851, Louis-Napoléon Bonaparte was Prince-President, soon to be emperor; the owner of the "restaurant of the Madeleine" (the church was a stone's throw away), conscious of his predecessor's prestige, changed the name on his signboard to "Taverne Lucas". A success story never does any harm to the future of an establishment.

During the Third Republic, in 1890, when the Eiffel Tower had barely been inaugurated the year before, Scaliet purchased the profitable tavern and, in 1902, decided to decorate it in an Art Nouveau style: a sober, stylish decor in which bronze was combined with sycamore. The workshops of Louis Majorelle, the famous representative of the School of Nancy, covered the light tobacco panelings with floral patterns. Planel executed, in the spirit of Jugendstil (a German esthetic school based on ornamental plant design), wall lights in a golden

ocupan de enriquecer con motivos florales las maderas tabaco claro. Planel ejecuta, en el espíritu del *Jungendstil*, corriente estética alemana basada en lo vegetal ornamental, los apliques de bronce dorado: enmarcadas con lirios luminosos, las cabezas de mujeres son corolas que se expanden con tallos en flor. En 1925, durante los Años Locos, Francis Carton, que acaba de adquirir el restaurante, une su nombre al de Lucas: así nace una leyenda, como el Rolls-Royce o el champagne Moët & Chandon. La moda obliga y Carton adopta como estilo el art déco, con espejos, una puerta giratoria que sigue en el mismo lugar, paneles decorativos... Los "gabinetes privados" dominan el primer piso, donde siete salones acogen a la flor y nata del mundo político en busca de discreción y de adulterio gastronómico.

En 1945, el yerno de Carton lo releva, luego será el turno de su hija en 1982. Tras 150 años de éxito, la célebre casa de nombres gemelos está en peligro de zozobrar en la comodidad de la costumbre, pero tres años más tarde un genio se instala en las cocinas, Alain Senderens, creador de la *Nouvelle Cuisine*, y resucita el lugar despertando nuestros sentidos. Precedido por su reputación, cubierto de las más altas distinciones reservadas a las artes culinarias, acaba de dejar el Archestrate, templo del gusto erigido en honor del más célebre gastrónomo de la Antigüedad. En el primer piso, el selecto club Le Cercle se convierte en el símbolo de un refinamiento muy *uptown*. Inscrito en el inventario de los monumentos históricos en 1987, el Lucas Carton no será nunca un museo sino más bien la cabeza de puente, la punta de lanza de un nuevo arte de degustar, de descubrir, de asociar el culto del vino al placer siempre renovado del paladar.

bronze: framed in luminous irises, women's heads are corollas expanding out of blossoming stems. In 1925, during the Roaring Twenties, Francis Carton coupled his name with the "Lucas" that he had just acquired: and a legend was born, just as it was with Rolls-Royce or the champagne Moët & Chandon! Carton changed the style, fashion (like noblesse) "oblige": pure Art Déco, mirrors, a revolving door (that is still in place), decorative panels... The second floor became the domain of "private rooms"; seven rooms welcomed the upper crust of the political world with a passion for discretion and gastronomic adultery!

In 1945, Carton's son-in-law took over and it would later be his daughter's turn, in 1982. After 150 years of success, the famous house with twin names risked foundering on the comfort of habit but, three years later, a genius arrived in the kitchens: Alain Senderens, creator of the Nouvelle Cuisine, revived the premises by awakening our senses. Preceded by his reputation, covered with the highest distinctions reserved for masters of the culinary arts, he had just left "L'Archestrate", that temple to elevated taste named in honor of the most famous gastronome of Antiquity. On the second floor, Le Cercle became the symbol of a very "uptown" sophistication. Registered in the inventory of Historic Monuments in 1987, the Lucas Carton will never be a museum but rather the spearhead, the flagship of a new art of tasting, of discovering, of associating the cult of wine with the continually renewed pleasure of the palate.

INGREDIENTES:

SETAS RELLENAS:

- 2 buenas setas *bouchon*
- 1/2 rebanada de costillar ahumado en cubitos
- 1/2 chalota picada muy fina
- 1 diente de ajo
- 1 ramita de tomillo
- 1/2 hoja de laurel
- 1 cucharadita de perejil liso picado
- fondo de aves
- mantequilla

SETA CRUDA:

- 1 buena seta *bouchon*
- Aceite de oliva
- Vinagre de vino blanco
- 1 cucharadita de chalota picada muy fina
- 1 cucharadita de perejil picado
- sal y pimienta blanca recién molida

SETA MARINADA:

- 1 buena seta *bouchon*
- 1 diente de ajo machacado
- 1 ramita de tomillo
- 1/2 hoja de laurel
- sal y pimienta blanca recién molida
- 1 cucharada de vinagre de vino blanco
- 5 cl de aceite de oliva de buena calidad

PLATO DE SETAS TRES ESTILOS ———————

PREPARACIÓN:

SETAS RELLENAS:

- Limpie las setas y quíteles la punta terrosa.
- Con un descorazonador, vacíe la cola de las setas formando un hoyo que le permitirá rellenarlas y corte la carne extraída en dados.
- Acitrone las chalotas en mantequilla, añada la *brunoisse* de setas y de costillar ahumado y, posteriormente, añada el perejil picado.
- Sazone con sal y pimienta blanca recién molida. Vacíe.

SETA MARINADA:

- Limpie la seta y la punta terrosa, córtela en rebanadas de 1 mm de grueso.
- Saltéelas a fuego vivo en aceite de oliva, añada el ajo machacado, el tomillo, el laurel y sazone con sal y pimienta blanca recién molida.
- Vacíe y deje marinar 24 horas.

SETA CRUDA:

- Limpie la seta y la punta terrosa y córtela en bastoncitos del grueso de un cerillo. Sazone con aceite, vinagre, chalotas, perejil picado, sal y pimienta blanca recién molida.

PREPARACIÓN FINAL:

- En una sartén para saltear, engrasada generosamente con mantequilla, hornee las setas rellenas durante unos 30 minutos a 180 °C junto con el fondo de aves, ajo machacado, tomillo y laurel.
- Báñelas frecuentemente durante la cocción.

PRESENTACIÓN:

- Disponga las setas rellenas en el plato.
- Acomode la seta marinada y la seta en ensalada partiendo de lo crudo a lo más cocido.
- Añada un chorrito de aceite de oliva y otro de la cocción de las setas rellenas reducida.

ALAIN SENDERENS

F. B.: ¿Qué piensa usted del gusto?

A.S.: Cuando uno tiene algo en la boca, cree que son sabores. Primero es la textura, el volumen, la densidad. Cuando degusta un vino, si durante la maduración de la uva llovió, está en presencia de una forma piramidal; si es una gran añada, es una uva redonda, carnosa. Se trata siempre de una relación con la textura, la densidad. La carne de un lenguado no tiene nada que ver con la carne de un rodaballo, por ejemplo. El gusto se educa porque todo se aprende. El ser humano aprende a caminar, a hablar, aprende todo, y el gusto se aprende. Si no se sabe diferenciar entre un Burdeos, un Borgoña o un vino americano, hay un problema, una carencia.

F. B.: ¿Cómo ve usted la cocina de nuestro tiempo?

A.S.: La cocina es el reflejo de los conocimientos tecnológicos de una época, de sus tabúes, sus reflexiones, sus rechazos, como no comer carne los viernes. Es la condensación de las tendencias de una sociedad en un momento dado. Hoy tenemos placas de inducción, hornos de calor por vapor o seco, la técnica ha evolucionado, todo eso entra en la cocina y la mejora.

F. B.: Al escribir este libro, pensé en ponerle por título *La cocina en movimiento*, porque cocinar es avanzar, es ir más allá. ¿Qué lo condujo a este arte?

A.S.: Pienso que el platillo y el vino son como el hombre y la mujer: una búsqueda de armonía, funciona o no funciona. Aquí, por ejemplo, hacemos cada platillo para una botella de vino que me gusta; puedo ponerle un poco de canela, una cáscara de limón, jengibre para ir en busca del vino. Y con frecuencia, cuando los propietarios de los viñedos vienen a comer aquí, toman su vino basado en un platillo y a veces me hacen el mayor de los cumplidos: "Nunca ha estado tan grande mi vino", porque le añadí algo para que se expandiera, que hablara más, que fuera feliz.

F. B.: Es una gran novedad, una apertura. Sin embargo, antes la cocina francesa estaba bastante encerrada en sí misma. Usted la renovó, pero ¿cómo? ¿Con los viajes?

A.S.: Los viajes hacen que las culturas se mezclen, se interpenetren. En Francia, por ejemplo, el platillo que más se come es el cuscús; antes era la pierna de cordero con ejotes. Pienso que no hay más que una regla: ¡tiene que ser bueno! Uno puede hacer todas las mezclas, pero es necesario que haya una unidad, que se parezca a algo, aun cuando sea nuevo. En cocina no se puede hacer un platillo que sea bueno dentro de cien años. Tiene que ser bueno hoy. Por eso digo que la cocina tiene que ir de acuerdo con en el presente.

Creo que hay meridianos gastronómicos. En París, por ejemplo, se puede cocinar con cualquier producto. Pero si va a Pekín, no se le

F. B: What do you think of taste?

A.S: When you have something in your mouth, you think that they are flavors. But first is the texture, volume, density. When you taste a wine, if it rained during the ripening of the grape, you are facing a nearly pyramidal shape; if it is a great vintage, it is round, fleshy. So there's always a relation with the texture, the density. The meat of sole fish has nothing to do for example with the meat of turbot. Taste is acquired because everything is learned. The human being learns to walk, to speak, he learns everything. Taste is learned. If you can't tell the difference between a Bordeaux, a Burgundy, and an American wine, you have a problem, a lack.

F. B: How do you view cooking in our time?

A.S: Cookery is the reflection of the technological knowledge of a time, its taboos, its reflections, its refusals, such as not eating meat on Friday. It is the condensation of the spirit of a society at a given moment. Today, we have induction plates, dry steam ovens; technology has changed, all this goes into cooking and improves it.

F. B: While writing this book, I decided to select the title, "Cuisine in Motion", because cooking is going forward, beyond. How were you brought to this art?

A.S: I think that dish and wine are like man and woman: a search for harmony, either it matches or it doesn't. Here for example, we make each dish for a bottle of wine that I like; I can put a little cinnamon, a piece of lemon peel, some ginger to "reach out" for the wine. And often, when owners of vineyards come here to eat, they have their wine to go with a dish and sometimes pay me the greatest of compliments: "My wine has never been so great", because I added something so that it could blossom, so that it could speak more, so that it could be happy.

F.B: It's a great novelty, an opening up. Before, French cuisine was really quite closed in on itself; you renewed it, but how? With trips?

A.S: Trips have made cultures mix, interpenetrate. In France for example, the most

antoja comer una bullabesa, sino comida china. Sólo hay algunas ciudades como París, donde hay de todo, están Londres, Nueva York, Los Ángeles, aunque esta última muestra más bien una cocina asiática. Hay pocos meridianos gastronómicos, ciudades donde puede hacer de todo. En mi familia vivíamos para dos cosas: comer y leer. Mi abuela cocinaba muy bien, y creo que todo salió de ahí. Me impregné muy pronto de... comida.

F. B.: ¿Es usted del suroeste?

A.S.: Sí, soy afortunado, siempre tuve maestros importantes. Cuando empecé mis estudios, Frédéric Robert fue mi primer jefe. Me infundió el amor por el trabajo bien hecho. La vida también está hecha de casualidades, de encuentros. Cuando vine a trabajar aquí, primero fui subchef. Estaba Mars Soustelle, Mars, como el dios de la guerra en francés, y con él aprendí todo de la cocina clásica, de "conservatorio". Todos los chefs pasaron por aquí, Paul Bacuse, Troisgros, porque era la formación más dura en la cocina clásica. Nos obligaban a hacer lo que estaba en los libros, lo que habíamos aprendido, y eso no me interesaba. Siempre tengo ganas de hacer mis propias recetas, de crear cosas.

F. B.: Lo que es increíble es que usted estuvo aquí a los veintidós años y que volvió veinticuatro años más tarde.

A.S.: Los azares de la vida, había que retomarlo y ya. Voy a contarle una historia difícil de creer. Cuando volvimos al Lucas Carton, veníamos del Archestrate; en esa época había platillos muy nuevos, tuvimos un año difícil. Le decía a mi mujer, que no se sentía bien ahí: "¡Mis platillos no están a gusto aquí!". Eso duró dieciocho meses. Un día, al volver de vacaciones, le dije: "¡Ya está, las paredes nos aceptan!"

F. B.: ¿En qué momento llegó la idea de asociar vinos y platillos?

A.S.: Al principio no conocía mucho de vinos. Después alguien me inició en eso, luego fui a la Universidad de Burdeos, para aprender de vinos en Dijon, así que degusté mucho. Como encontraba que mis platillos no se adaptaban bien a los vinos, modifiqué mis recetas. La gastronomía es el platillo y el vino.

F. B.: Usted tiene pasiones artísticas paralelas.

A.S.: La pintura, los relojes viejos, los libros viejos y también la música clásica.

F. B.: En el curso de su carrera obtuvo usted una, luego dos y finalmente tres estrellas Michelin. ¿Cuál le dio más gusto?

A.S.: ¡Todas! Pero la tercera era nuestro bastón de mariscal, la consagración de un trabajo, un gran placer, una verdadera satisfacción.

F. B.: Si viniera un joven a pedirle consejo ¿qué le diría? ¿Qué camino emprender? ¿Por dónde comenzar?

A.S.: Por varios grandes restaurantes, con estilos diferentes y sobre todo, interesarse en

commonly eaten dish is couscous; before, it was leg of lamb with green beans. I think that there's only one rule: it must be good! You can make all possible mixtures but there must be unity, it has to look like something, even though it's new. In cooking, you can't make a dish that will be good a hundred years from now. It has to be good today. That's why I say that cooking's in touch with the present. I believe there are some gastronomic meridians; for example, in Paris you can cook with any product. But if you go to Peking, you don't feel like having bouillabaisse, you have Chinese food. There are only a few cities like Paris: you have London, New York, and Los Angeles, although this last presents a rather Asian cuisine. There are few gastronomic meridians, cities where you can do everything. In my family, we lived for two things: eating and reading. My grandmother cooked very well, and I think everything started from there. Very early on, I was saturated with... food.

F. B: You're from the South West?

A.S: Yes. I've been lucky. I always had important teachers. When I did my training, Frédéric Robert was my first boss. He gave me my love of a job well done. Life is also made up of coincidences, of encounters. When I came to work here, I was first an assistant chef. There was Mars Soustelle - Mars, like the god of war - and with him, I learned everything about the "conservatory" cuisine classique. All chefs have gone through this, Paul Bocuse, Troisgros, because the most difficult training was in the cuisine classique. They made us redo what was in the books, do what had been learned, and that didn't interest me. I've always wanted to make my own recipes, to create things.

F. B: What's incredible is that you came here

otra cosa además de la cocina, para abrirse la mente. Voy a explicarle cómo trabajo: tengo una idea de partida, acto seguido veo si es una hermosa idea que debo conservar; a veces funciona inmediatamente, a veces hay que recuperarla. Finalmente ¿qué veo en todo esto? No es sino mi gusto ¡cuando la gente viene al Lucas Carton, es a mí a quien comen! comprendo que a algunos les gusto y a otros no. Si hiciera una cocina para darle gusto a todo el mundo, perdería mi personalidad. Soy incapaz de hacer otra cosa que no sea lo que me gusta. Por lo tanto, mi personalidad es la que está en el plato. También está el hecho de que nos visita una clientela más joven. No era el caso en el año 68. La clientela de menos de cuarenta años se apasiona con los vinos. Nuestra época desarrolló una increíble pasión por los vinos. Así es que nuestro trabajo le interesa a mucha gente.

F. B.: ¿Cuál es su especialidad?

A.S.: El pato Apicius, una receta de 2001, y el bogavante a la vainilla.

F. B.: ¿Considera usted que "la cocina es un poco como la moda"?

A.S.: Sí lo creo. En cada estación desaparecen unos productos y llegan otros. Este es el tiempo de los espárragos, antes eran las trufas, luego serán las setas. Es como las telas. Siempre hay platillos que permanecen, la gente viene por ellos, como por un traje de Saint Laurent. De todos modos, hay cosas que traspasan las épocas, que de alguna manera no pasan de moda.

F. B.: Si tuviera un lema ¿cuál sería?

A.S.: Hacer y de preferencia, bien. Y todavía mejor, hacerlo muy bien.

at the age of twenty-two, and that you came back twenty-four years later...

A.S: Life's little coincidences, I was meant to come back, that's all. I'm going to tell you a story that is difficult to believe. When we came back to Lucas Carton, we came from L'Archestrate; at that time, there were some very new dishes, we had had a difficult year. I told my wife, who didn't feel well there: "My dishes aren't happy here!" That lasted eighteen months. One day, coming back from holidays, I told her: "It's OK now, the walls have accepted us!"

F. B: At what point did you think of associating wines and dishes?

A.S: At the beginning, I didn't know many wines. Then someone initiated me, I went to the university at Bordeaux, to learn about wine in Dijon, so I tasted a lot. Since I found that my dishes didn't combine well with the wines, I modified my recipes. Gastronomy is the dish and the wine.

F. B: You have some other, artistic passions...

A.S: Painting, old watches, old books but also classical music.

F. B: During your career you had one then two and finally three Michelin stars; which made you happiest?

A.S: All of them! But the third was the high point in our career, the mark of approval of our work, a great pleasure, a real satisfaction.

F. B: If a young person came to ask you advice, what would you tell him, what route to take, where to begin?

A.S: With several big restaurants, with different styles and especially, to interest himself in something other than cuisine, to open his mind. I'll explain how I work: I have an idea to start from, I immediately see if it is a beautiful idea that I should keep; sometimes it works immediately, sometimes I have to recapture it. Finally, what do I see in all that? It's only my taste; when people come to Lucas Carton, it's me they're tasting! I understand that some like me and others don't. If I prepared a cuisine to please everybody, I'd lose my personality. I am incapable of doing anything other than what I like. So my personality is what's there on the plate. There's also the fact that a younger clientele is coming to visit us. This wasn't the case in '68. The clientele under forty is fascinated by wines. Our times have developed an incredible passion for wines. And therefore our work interests a lot of people.

F. B: What is your specialty?

A.S: Apicius duck, a recipe from 2001, Homard à la vanille (Lobster with vanilla).

F. B: Do you consider that "cuisine is a little like fashion"?

A.S: I do. Every season, some products disappear and others arrive. At the moment, it's the time for asparagus, before that it was truffles, next it'll be cep mushrooms. It's like a fabric. There are always some dishes that remain, people come here for those, like for a Saint-Laurent suit. Anyway, there are some things that last through the ages, that never go out of fashion, as it were.

F. B.: If you had a motto, what would it be?

A.S.: Do, and preferably do it well. And, even better, do it very, very well.

INGREDIENTES:

- 4 palomas de Kernivinen
- 1.5 kg de nabos miniatura
- 1 cl de aceite de pepitas de uvas
- 5 cl del jugo de las palomas
- 50 g de tetragonio
- 5 cl de aceite de oliva
- 50 g de mantequilla
- 1 g de laurel
- azúcar
- pimienta molida triturada

RELLENO:

- 15 g de ciruelas
- 60 g de pasta de almendras
- 40 g de cáscara de naranja

PALOMAS DE KERNIVINEN
Y NABOS MINIATURA

PREPARACIÓN:

- Asar las palomas hasta que tomen color rosado.
- Cortar los nabos en rebanadas de 2 cm de diámetro y 1 cm de espesor.
- Cocer a la inglesa.
- Preparar un caramelo con el azúcar, refrescar con agua y montar con mantequilla. Reservar.
- Pasar los nabos por el caramelo, espolvorearlos con pimienta molida triturada.
- Deshuesar las palomas y colocar la pasta de almendras, las ciruelas y las cáscaras de naranja debajo de la suprema.
- Sazonar el tetragonio con aceite de oliva y un poco de cáscara de naranja.

PRESENTACIÓN:

- Colocar la paloma en el centro del plato y los nabos caramelizados alrededor.
- Añadir la ensalada de tetragonio encima y una rebanada de naranja seca.

INGREDIENTES:
- 1/2 piña
- 250 g de sorbete de piña
- 10 hojas de menta

PASTA PARA BUÑUELOS:
- 1/2 l de cerveza
- 40 g de levadura
- 200 g de harina
- aceite de freír

SORBETE DE PIÑA:
- 2 l de jugo de piña
- 1 l de jarabe a 30°C
- preparación de la crema inglesa

BUÑUELOS DE PIÑA
CON CREMA INGLESA Y MENTA FRESCA

PREPARACIÓN:
- Prepare una crema inglesa a la menta.
- Pele la piña, córtela en 4, luego corte 12 pedazos de unos 40 g cada uno.
- Diluya la levadura en la cerveza en una terrina, con un batidor. Añádale la harina, cúbrala con un papel encerado y déjela reposar durante unos 41 minutos para que crezca.
- Caliente el aceite en una olla de hierro o una cacerola, a fuego medio. Ponga una pequeña porción de la pasta para buñuelos. Si sube a la superficie inmediatamente, el aceite está listo para la cocción de los buñuelos.
- Pase los pedazos de piña dos veces por la pasta para buñuelos para envolverlos bien. Sáquelos cuidadosamente con un tenedor y póngalos en el aceite de freír hasta que los buñuelos estén bien dorados y crujientes. Escúrralos en papel absorbente, espolvoréelos con azúcar glass y caramelícelos.

PRESENTACIÓN:
- Cubra el fondo de los platos de servicio con la crema inglesa, disponga 3 bolas de sorbete de piña, intercáleles los buñuelos de piña, decore con hojas de menta y sirva inmediatamente.

LE BRISTOL

LA MADELEINE

LA CALLE DE LA ELEGANCIA
STREET OF THE ELEGANCE (RUE DES ÉLÉGANTES)

Durante todo el siglo XVIII, la calle del Faubourg Saint-Honoré se vuelve, al mismo tiempo que las edificaciones de numerosos hoteles particulares que iban a darle renombre, el lugar de elección de los parisinos de alto rango: aristócratas, banqueros, nuevos ricos. Saint Honoré se hizo un nuevo Saint Germain. El palacio del Eliseo es ciertamente el más célebre y lo es desde mucho antes de 1873, fecha en la cual se destina a residencia de los presidentes de la República. Construido en 1718 por Molet para Louis-Henri de la Tour d'Auvergne, conde de Evreux, el palacio pasaría por las manos de la marquesa de Pompadour, del financiero Baujon, de la duquesa de Bourbon-Condé; en 1798, se convirtió en el *Hameau-Chantilly*, lugar de placeres con restaurante, salones de juego, ferias de pueblo y columpios. Murat la compra en 1805, Joséphine de Beauharnais la habita después de su divorcio antes de que se instale el zar Alejandro; Napoleón I firma su segunda abdicación en uno de sus salones, después durante la Restauración, la duquesa de Bourbon lo intercambia con Louis XVIII por Matignon. Devuelto a los principes de paso en París después de la revolución de 1830, el palacio se convierte en la residencia del príncipe Luis Napoleón, luego vuelve a ser residencia de veraneo de soberanos extranjeros: la reina Victoria, el rey de Suecia, el emperador de Austria se alojan en él cuando la Exposición Universal de 1867. Sin jugar con las palabras, pocas calles de la capital tienen el "honor" de haber acogido a tantas celebridades.

Alexandre-Balthazar Grimod de la Reynière, hijo de un recaudador de impuestos, vivió en los números 1 al 5 de la calle hasta 1819: escritor, abogado, humorista y sobre todo gastrónomo sin par, redactó el *Almanach des Gourmands*, que hizo que su nombre fuera inseparable del arte del buen comer. La buena mesa no lo mató puesto que falleció a los 80 años. El duque de Wellington ocupó seguidamente este sitio insigne de la gastronomía que se convirtió un tiempo en embajada de Rusia y de Turquía, después en Círculo Imperial antes de que los Estados Unidos la compraran en 1928 para convertirlo en sede de su embajada en París. En el número 31, se alza la mansión del marqués de Marbeuf, que José Bonaparte adquirió en 1803 el Concordato se firmó ahí antes de que el conde Pillet-Will, regente del Banco de Francia, lo comprara. El actual Círculo de la

All through the 18th century, as numerous private residences were built that would make its fame, Rue du Faubourg Saint Honoré became the place of choice for Parisians of rank: aristocrats, bankers, parvenus. Saint Honoré became a new Saint Germain. The Elysée Palace is certainly the most famous, and was so well before 1873, the year it was designated the residence for presidents of the Republic. Constructed in 1718 by Molet for Louis-Henri de la Tour d'Auvergne, Count of Evreux, the palace was to change hands from the Marquise de Pompadour, to the financier Baujon, to the Duchess of Bourbon-Condé. In 1798, it became the Hameau-Chantilly, a house of pleasure with a restaurant, games room, village fairs and swings. Murat bought it in 1805. Joséphine de Beauharnais lived in it after her divorce and before Czar Alexander moved there. Napoleon I signed his second abdication in a salon then, during the Restoration, the Duchess of Bourbon exchanged it with Louis XVIIII for Matignon. Returned to the princes passing through Paris after the revolution of 1830, the palace became the residence of Prince Louis-Napoléon and then, once again, a summer residence for foreign sovereigns: Queen Victoria, the King of Sweden, and the Emperor of Austria stayed there at the time of the World Fair of 1867. No pun intended, but few streets in the capital have been "honored" by welcoming so many celebrities.

Alexander-Balthazar Grimod de la Reynière, the son of a farmer general, lived at Nos. 1 to 5 until 1819: a writer, lawyer, humorist and above all a gastronome without equal, he wrote the Almanac of the Gourmands, *which*

Unión Interaliada fue, antes de la reconstrucción, embajada de Rusia, propiedad de Nathaniel de Rothschild y del duque Decrès. En el 39, el duque de Charost hizo erigir un suntuoso hotel que se convirtió en propiedad de Paulina Bonaparte, princesa de Borghèse; ésta lo cedió al gobierno inglés, que instaló ahí su embajada en 1825. Cerca del antiguo pueblo de Roule, otras mansiones Luis XVI más pequeñas dan a esta aún suntuosa calle un aspecto de rara elegancia; es cierto que numerosos grandes modistos, anticuarios y joyeros han decidido abrir sus boutiques en esta arteria presidencial. El Bristol, situado en el 112, construido sobre más de doscientos años de historia, es sin duda alguna uno de los más distinguidos de la capital. La excelencia de su mesa se suma a la felicidad de residir ahí.

made his name inseparable from the art of good eating. Good meat did not kill him since he lived to the age of 80. The Duke of Wellington immediately occupied this famous home of gastronomy, which for a time became the Embassy of Russia, and of Turkey, and later Imperial Circle, before the United States bought it, in 1928. To make it their embassy headquarters in Paris. At No. 31 stood the Marquis de Marbeuf's residence, which Joseph Bonaparte acquired in 1803. The Concordat was signed there before Count Pillet-Will, regent of the Banque de France, bought it. The present Circle of the Inter-Allied Union was, before reconstruction, the Russian Embassy, property of Nathaniel de Rothschild and Duke Decrès. At No. 39, the Duke of Charost had a sumptuous residence put up that became the property of Pauline Bonaparte, princess of Borghèse; she made it over to the English government, which moved its embassy there in 1825. Close to the old village of Le Roule, other small Louis XVI residences still give this sumptuous street an air of unusual elegance; it is true that many great couturiers, antiquarians, and jewelers have chosen to open a boutique on this presidential artery. The Bristol, situated at No. 112, and built on more than two hundred years of history, is undoubtedly one of most distinguished of the capital. The excellence of its table adds to the happiness of staying there.

CALLE DE FBG. SAINT-HONORÉ

En la ubicación del Bristol se extendían en el siglo XVIII las "Pepinières Royales"; Sandrié, contratista de construcciones de Luis XV, compra en 1758 un terreno que lindaba con los jardines y manda construir en él un hotel particular; los Dams y después los Vogüé son sus propietarios antes de que lo adquiera Jules de Castellane en 1829. Mecenas caprichoso, manda agrandar el teatro donde la alta sociedad parisina se ejercita en el arte dramático. Después de la primera Guerra Mundial, los fuegos de la aristocracia se extinguían definitivamente, Ubdenstock y Cassan edifican por órdenes de Hippolyte Jammet, hijo y sobrino de chefs célebres, un hotel para viajeros inaugurado en 1925 en lugar del de Castellane. El estilo no es art déco, sino típico del siglo XVIII. ¿Por qué se escogió el nombre de "Bristol"? En homenaje a Frédéric Auguste Hervey, obispo de Derry, cuarto conde de Bristol, viajero legendario del siglo XVIII, gran amante del confort, la elegancia y la cocina, que hacía que su cocinero le preparara la parada nocturna de antemano, mientras que el equipaje venía varias leguas atrás. Agrandado en 1948 por la construcción de la Residencia, el hotel

LUJO, CALMA Y GUSTO DE VIVIR
LUXURY, QUIET, AND THE GENTLE WAY OF LIFE

LE BRISTOL

On the site of the Bristol in the 18th century lay the "Pépinières Royales"; Sandrié, Building Superintendent for Louis XV, bought land in 1758 adjacent to the gardens and had a private residence constructed there. The Damas, then the Vogüés, became the owners before Count Jules de Castellane acquired it in 1829. A whimsical Maecenas, he enlarged the theater, where members of polite Parisian society tried their hand at the dramatic art. After the First World War, the fires of the aristocracy were definitively extinguished; Hippolyte Jammet, son and nephew of famous chefs, had Ubdenstock and Cassan build a hotel for travelers that was inaugurated in 1925, on the site of Castellane's residence. The style was not Art Déco but typical 18th century. Why was the name "Bristol" chosen? In homage to Frédéric Augustus Hervey, Bishop of Derry, fourth Count of Bristol, a legendary traveler of the 18th century, a great lover of comfort, elegance, and cuisine, who would have his cook prepare his stopping place for the evening in advance, while the luggage followed several leagues behind. Enlarged in 1948 by the construction of the Residence, the hotel today belongs to the German group, Dr. August Oetker. Richly furnished, decorated with canvases of the masters, with Gobelins and Lille tapestries,

pertenece en la actualidad al grupo alemán Dr. August Oekter. Ricamente amueblado, decorado con lienzos de maestros, tapices de Gobelinos y de Lille, el lugar invita al descanso en el lujo. Además de un jardín a la francesa, el mayor de los hoteles de París, el Bristol, cuenta con 45 suites de excepción; dos restaurantes, uno de verano y otro de invierno, proponen una carta sin par, que le haría agua la boca a Brillat-Savarin en persona. Entre los ineludibles de Eric Fréchon, genio de inventiva, citemos el bogavante azul asado en olla; la muselina de hinojo braseada a la vainilla; el hojaldre de aves y cangrejos de río del Lago Lemán en infusión de champiñones, jugo mármol, las mollejas de ternera lechal braseadas, mechadas con canela; el sabayón de chocolate negro Trinitarios. Estas maravillas, servidas por un personal irreprochable, se degustan en un marco muy francés, silencioso, digno de un castillo principesco del Antiguo Régimen y de su "gusto de vivir".

the premises invite one to rest in luxury. In addition to a French garden, the Bristol, largest of the Parisian hotels, has 45 exceptional suites. Two restaurants, one for summer, the other for winter, offer an unparalleled menu, enough to make even Brillat-Savarin's mouth water. Among the "musts" of Eric Fréchon, that genius in inventiveness, let us mention the blue lobster roasted in a stew pan, whipped potatoes and dill braised with vanilla; poultry vol-au-vent and Lake Geneva crayfish with an infusion of mushrooms, marbled juice; braised sweetbreads of young veal stuck with cinnamon; zablagione in black Trinitarios chocolate. These marvels, served by irreproachable personnel, are savored in a very French, quiet setting, worthy of a princely castle of the Ancien Régime with its "gentle way of life".

INGREDIENTES:
- Bogavante Bretón de 500 g

VINAGRE DE CILANTRO:
- 1 dl de agua
- 5 dl de aceite de cacahuate
- 70 g de cilantro en grano
- 300 g de jugo de naranja
- 1 cucharada de miel
- 2 hilos de limón
- Jerez
- sal y pimienta

PURÉ DE HINOJO A LA VAINILLA:
- 5 bulbos de hinojo
- 1 diente de ajo y 1/2 vaina de vainilla
- tomillo
- 1/2 l de leche
- 1/2 l de crema líquida

HINOJO CONFITADO:
- 1 hinojo
- 1 anís de estrella
- 1/2 dl de aceite de oliva
- tomillo
- sal y pimienta

BOGAVANTE AZUL EN OLLA

PREPARACIÓN:

VINAGRE DE CILANTRO:
- Hacer una infusión con el agua, el aceite de cacahuate y el cilantro en granos.
- Mezclar todo.

PURÉ DE HINOJO A LA VAINILLA:
- Rebanar los hinojos y sudarlos en mantequilla con la vainilla y el tomillo.
- Cubrirlos con la leche y la crema, cocer todo a fuego lento.
- Escurrir en un lienzo durante una noche.

HINOJO CONFITADO:
- Poner el hinojo en una bolsa al vacío con el anís, el aceite, el tomillo, la sal y la pimienta.
- Cocer en el horno de vapor a 90 °C durante 1 hora y media.
- Cocer un bogavante de 500 g, en un caldo corto durante 8 minutos .
- Pelar las tenazas.

PRESENTACIÓN:
- Poner el bogavante en un refractario con el hinojo y un chorrito de aceite.
- Separar las capas de hinojo y rellenar con la muselina.
- Pasar por la sartén las tenazas del bogavante en un poquito de mantequilla.
- Picar el cilantro y montar la vinagreta.

DECORACIÓN:
- Decorar con vainilla, naranja y perejil secos.

ERIC FRECHON

F. B.: Según usted ¿qué es el gusto?

E.F.: El gusto es cada producto; cada uno desarrolla el suyo particular. En mi cocina, hago todo para preservarlo, darle su valor y ofrecerle una alianza que lo hará aún mejor. La frescura del producto me inspira el modo de sazonarlo.

F. B.: ¿Qué piensa de la cocina de nuestro tiempo?

E.F.: A medida que voy teniendo más edad, más cuenta me doy de que se vuelve mundial. Trato de sacar partido de esta tendencia general salvaguardando la cocina francesa; porque para mí, va por delante de todo. La cocina evoluciona, es un hecho; pienso que primero hay que conservar las bases adquiridas, las que hacen la grandeza de la cocina francesa. Por otra parte, la gente viene aquí por eso, por la tierra, por la cultura, es importante pues respetar esos elementos.

F. B.: ¿A qué llama usted "bases"?

E.F.: A los grandes clásicos. La liebre a la real o a la pularda en vejiga, por ejemplo. Una base se trabaja y se modifica, pero el resto está definitivamente ahí. Las salsas que se preparaban hace quince o veinte años ya no son las mismas. Las salsas que antes se hacían con harina ya no contienen ni un gramo de ella, son más ligeras. Creo que en Francia nunca se ha comido tan bien como ahora. Tenemos la finura, la ligereza y el gusto. Estamos en presencia de constantes. Desgrasar es una de ellas, pero pienso que no hay tanta creación pura. Cocinar es recomenzar eternamente. ¡Pienso que si un cocinero logra crear realmente dos o tres platillos en su vida, ya es mucho!

F. B.: ¿De cuál creación está más orgulloso?

E.F.: De la molleja de ternera a la canela. Estimo que es un muy buen platillo, no he visto equivalentes en ninguna otra parte. También hago un solomillo de liebre asado a la pimienta verde del que estoy bastante orgulloso; es una nueva creación que acompaño con una espaldilla en compota con una salsa espesada con hígado y sangre. La alianza de los dos es, según yo, uno de mis logros más hermosos.

F. B.: ¿Lo ha influido su Normandía natal?

E.F.: En absoluto. Salí muy joven para haber aprendido la cocina normanda. Cuando me fui a trabajar a París, descubrí que ahí tenía uno la suerte de hacer una cocina muy francesa, con productos que llegan de toda Francia. Para ser franco, aprecio la cocina normanda en Normandía, no en París. Tanto más cuanto que la crema y la mantequilla ya casi no van con este tiempo.

F. B.: ¿Quiénes fueron sus maestros?

F. B.: In your opinion, what is taste?

E.F.: Taste is each product; each develops a particular one. In my cooking, I do all I can to preserve it, to highlight it and to offer it a combination that will make it even better. The freshness of the product inspires me for its seasoning.

F. B.: How do you view the cuisine of our time?

E.F.: The older I get, the more I realize it's becoming worldwide. I try to take advantage of this general tendency while at the same time protecting French cuisine; because, to me, it's most important. Cuisine evolves, that's a fact; I think it's necessary first of all to preserve one's acquired bases, those that make for the greatness of French cuisine. Besides, people come here for that, for the French character, for our culture, so it is important to respect these elements.

F. B.: What do you call the bases?

E.F.: The great classics. Lièvre à la Royale or Poularde à la Vessie, for example. A basis is worked on and modified but still remains well and truly there. The sauces we prepared fifteen or twenty years ago are not the same anymore. Sauces previously bound with flour today don't contain a single gram of it, they're lighter. I believe that we've never eaten as well in France as we do today. We have delicacy, lightness, and flavor. We are in the presence of constants. Removing fat is one of them. But I don't think there's a lot of pure creation. Cooking is an eternal series of new beginnings. I think that if a chef manages really to create two or three dishes in his lifetime, that's a lot!

F. B.: What is the creation you are proudest of?

E.F.: Veal sweetbreads with cinnamon. I consider it to be a very good dish, I have never seen its equivalent anywhere else. I also make a roasted loin of hare with green pepper which I am quite proud of; it's a new creation that I accompany with a compoted shoulder with a sauce bound with blood and liver. The combination of the two is, in my opinion, one of my finest successes.

F. B.: Has your native Normandy influenced you?

E.F.: El Sr. Sabine, en La Grande Cascade, un hombre que venía de los embutidos; el Sr. Tabarlieu, que trabajó en ese establecimiento, donde la atmósfera es muy creativa; luego fue el Sr. Deligne, en el Taillevent, un clásico perfecto. Me fui dos años a España y ahí descubrí el olivo, los tomates, los poros y la cocina dietética. Con Louison Babet, en el Byblos Andaluz de Fuengirola tomé conciencia de la ligereza de los platillos precursores de la cocina futura más ligera, aprendí mucho. La cocina era sabrosa, con gusto, pero todavía un poco pesada: para que sea verdaderamente buena, basta con aligerarla. Es una pena. Pasé siete años al lado del Sr. Constant, en el Crillon, pienso que él es el que más me ha marcado, me enseñó algo más que cocina.

F. B.: Además de esta ¿tiene alguna otra pasión?

E.F.: No, no tengo tiempo. La única pasión que puedo satisfacer son mis hijos. Trabajo de las ocho hasta la una de la mañana, con frecuencia no tengo dos días de descanso a la semana; con un ritmo semejante, consagro el tiempo libre a mis hijos, que tienen 12 y 14 años. Pienso que para conservar un buen equilibrio, hay que tener una esposa a la que se ame para poder entregarse 100% a su trabajo; eso supone que su esposa acepte su estilo de vida. A mi modo de ver, el éxito de un hombre viene de su esposa.

F. B.: ¿Cuál es el perfil de su clientela?

E.F.: Muy parisiense. Antes de trabajar en el Bristol tenía una clientela muy internacional compuesta igualmente por muchos parisienses; de hecho, me siguieron. Tenemos pues una clientela muy hermosa que viene de la capital. El perfil tipo tiene entre cuarenta y sesenta años, la edad en que uno aprecia la gastronomía... pero la generación joven se vuelve loca con la cocina, les gusta complacerse.

F. B.: Si tuviera que escoger un lema ¿cuál sería?

E.F.: Me comparo un poco con los que trabajan en la moda. Cuando un creador tiene la suerte de tener una mujer muy bella frente a él, va a tratar de embellecerla más, va a bordar en torno a ella. Pasa un poco lo mismo con nuestros productos ¡toda proporción guardada! Tratamos de magnificarlos al cocinarlos buscando una alianza perfecta entre las especias, las hierbas. Mi lema sería: "Magnificar, embellecer".

F. B.: ¿Cree que la cocina es un arte?

E. F.: Un arte efímero. Pero si logra marcar la memoria de los comensales ¡es usted muy fuerte! En ese caso, se vuelve una referencia y, aunque no perdure, concretamente, nada, perdura en los recuerdos.

F. B. ¿Su papel es crear otros chefs?

E.F.: Sabe usted, uno de mis mayores logros es, por ejemplo, Franck Leroy. Estaba aquí cuando llegué. Pasó su examen de "Meilleur Oeuvrier de France" (mejor trabajador de Francia), M.O.F.; hace dos años, se recibió brillantemente. Considero que es, para mí, una recompensa

E.F.: Not at all. I left too young to have learned Norman cuisine. When I arrived in Paris to work here, I discovered that we were lucky to be doing some very French cooking here, with products that came from all over France. To be frank, I appreciate Norman cuisine in Normandy, not in Paris! Especially since cream and butter are hardly the "in" thing nowadays...

F. B.: Who were your teachers?

E.F.: Mr. Sabine, at the Grande Cascade, a man who came from charcuterie; Mr. Tabarlieu, who worked at this establishment where the atmosphere was very creative; then, there was Mr. Deligne, at Taillevent, a perfect classic. I left for Spain for two years, and discovered olives, tomatoes, leeks, and dietary cooking there. With Louison Babet, at the Byblos Andaluz in Ferrerola, I became aware of the lightness of dishes that were precursors of the future lighter cuisine, I learned a lot. The cooking was very full-flavored, very tasty but still a little heavy; for it to be really good, it just needed to be lightened. I spent seven years with Mr. Constant, at the Crillon, I think he's the one who has influenced me the most; he taught me more than cooking.

F. B.: Outside of cooking, do you have a passion?

E.F.: No, I don't have the time. The only passion that I can satisfy are my children. I work from 8 o'clock to one in the morning, I often don't have two days off a week; with a pace like this, I dedicate my remaining free time to my children who are 12 and 14 years old. I think that, to maintain a good balance, you have to have a wife you love in order to be able to give yourself 100% to your work; that's supposing your wife accepts your kind of life. According to me, a man's success comes from his wife.

muy hermosa. Estoy contento por él. Yo fui M.O.F. a los veintiocho años. Es una oposición terrible: 500 o 600 candidatos pasan los exámenes escritos en la Sorbona; después de aprobar, los semifinalistas no son sino unos cincuenta y deben cocinar dos platos obligatorios; al final solamente unos diez son aceptados.

F. B.: ¿Cómo reaccionó con la primera estrella?

E.F.: Ya estaba cuando llegué al Bristol. Yo no estaba ahí por nada. La segunda, en cambio, me agradó en extremo. Coronaba un trabajo de equipo, así que todos estábamos honrados y emocionados. Yo estaba loco de felicidad. Después del nacimiento de mis hijos, mis mejores recuerdos son mi título de Mejor Trabajador de Francia y la segunda estrella. ¡Momentos inolvidables! Pero no soy un hombre muy expresivo, todo pasa más bien interiormente.

F. B.: ¿Cómo maneja su tiempo en la cocina?

E.F.: Trabajo con ochenta personas. No creo que se pueda hablar a todos de la misma manera, es caso por caso. Llegué a un equipo de cuatro cocineros. Pero uno no maneja un restaurante tradicional como el restaurante de un gran hotel. Aquí abrimos los siete días de la semana. En otro restaurante, cuando se cierran las puertas ¡se cierra y punto! Aquí nunca se descansa verdaderamente, pero yo tengo una suerte extraordinaria: estoy muy bien rodeado.

F. B.: What is the profile of your clientele?

E.F.: Very Parisian. Before working at the Bristol, I had a very international clientele made up also of many Parisians; in fact, they have followed me. So we have a very fine clientele coming from the capital. The typical profile is between forty and sixty, the age at which one appreciates gastronomy. But the young generation adores cuisine, they like to enjoy themselves.

F. B.: If you had to choose a motto, what would it be?

E.F.: I compare myself a little to those who make fashion clothes. When a creator has the opportunity to have a very beautiful woman in front of him, he is going to try to make her look more attractive, he is going to embellish around her. It's a little bit the same thing with our products, up to a point. We try to enhance them by cooking them, by finding a perfect combination with spices, herbs. My slogan would be: "Enhance, embellish".

F. B.: Do you think that cooking is an art?

E.F.: An ephemeral art. But if you manage to make an impression on your guests' memory, you are very strong! In that case, you become a reference and, although nothing remains, concretely, you remain in their memories.

F. B.: Is it your role to create other chefs?

E.F.: You know, one of my greatest successes is, for example, Franck Leroy. He was here when I arrived. He became "Meilleur Oeuvrier de France" (Best Worker in France), M.O.F., two years ago with a brilliant performance. I consider that a very fine reward. I am happy for him. I was M.O.F. at the age of twenty-eight. It is a terrifying contest: five or six hundred candidates take written exams at the Sorbonne; if they pass these tests, there are only about fifty semi-finalists and they have to cook two imposed dishes; in the finals, only about ten are accepted.

F. B.: How did you react to the first star?

E.F.: It was already there when I arrived at the Bristol. I wasn't there at all. The second, on the other hand, made me extremely happy. It crowned our team work, so we were all honored and touched. I was mad with joy. Next to the birth of my children, my best memories are my title as Best Worker in France and the second star. Unforgettable moments! But I am not a very outgoing man, everything happens more inside.

F. B.: How do you manage your kitchen time?

E.F.: I work with 80 people. I don't believe that I can speak to all of them the same way, it's case by case. I arrived with a team of four cooks. But you don't manage a traditional restaurant the same way as the restaurant of a large hotel. Here, we're open seven days a week. In another restaurant, when you close the doors, it's closed, period! Here, you never really rest but I am extraordinarily fortunate: I'm surrounded by very good company.

PARA 4 PERSONAS

INGREDIENTES:

- 3 cangrejos
- 800 g de tomates y 3 aguacates
- 12 dl de aceite de oliva
- 1/2 limón amarillo
- 3 l de escencia aromática de legumbres
- 10 g de jengibre
- 1/2 lámina de gelatina
- 4 g de mostaza
- 1 cl de vinagre de Jerez
- 1/8 de manojo de perifollo y de estragón
- 35 g de crema montada
- 1/4 pan de molde entero
- 1/8 de manojo de cebollines
- sal y pimienta molida
- 0.5 dl vinagre balsámico

CANGREJO
DE ROSCOFF

PREPARACIÓN:

- Cocer los cangrejos en el caldo corto muy condimentado y pelarlos conservando las tenazas enteras.
- Separar todas las partes cremosas y refrigerarlas.
- Sazonar la carne de los cangrejos con la vinagreta de aceite de oliva y limón, jengibre rallado y cebollines cortados.
- Cortar rajas de aguacate y de tomate de 2 cm de grueso. Marinar en una vinagreta de aceite de oliva y limón, el aguacate, el cangrejo y el tomate.
- Cortar en la rebanadora el pan de molde en rebanadas muy delgadas. Enrollarlas en un tubo inoxidable de 4 cm de diámetro, aceitar con un pincel.
- Poner al horno unos minutos y retirar la caja caliente.
- Mezclar 75 g de las partes cremosas del cangrejo, pasarlas por un colador fino, añadir la mostaza, el vinagre de Jerez, la lámina de gelatina reblandecida, la crema montada, el perifollo y el estragón.

PRESENTACIÓN:

- Colocar una quenela con la crema de los cangrejos en el plato y ponerle unas hierbas encima.
- Colocar la caja de pan de molde y deslizar al interior el rollo de cangrejo.
- Bañar con un hilo de aceite de oliva, ponerle una gotas de vinagre balsámico.
- Colocar al lado una tenaza del cangrejo abierta y rellena con su carne.

INGREDIENTES:
- 1.2 kg de molleja de ternera
- 2 cebolla tierna
- 1 lechuga romana
- 1.3 kg de chícharos guisante
- 5 dl de leche
- 50 g de tocino ahumado
- 4 ramas de canela
- 80 g de mantequilla
- 3 dl de jugo de ternera
- 3 dl de salsa suprema

MOLLEJAS DE TERNERA LECHAL

BRASEADAS, MECHADAS CON CANELA

Y CHÍCHAROS EN LECHE AHUMADA

PREPARACIÓN :
- Blanquear la molleja de ternera, limpiarla, mecharla con la rama de canela, poner en prensa 12 horas, y brasearla con el jugo de ternera.
- Pelar y cocer los chícharos a la inglesa, reducir la mitad en puré.
- Sudar el tocino ahumado y remojarlo con la leche semidescremada. Hacer una infusión de 15 minutos.
- Añadir 2 dl de salsa suprema.
- Acitronar la cebolla picada en mantequilla y añadir los chícharos.
- Cortar las hojas de romana en dos y bañarlas rápidamente en mantequilla por ambos lados.
- Rectificar el jugo de ternera del braseado.

PRESENTACIÓN:
- Disponer armoniosamente las hojas de romana, el puré y los chícharos en el centro del plato y encima, colocar la molleja de ternera con la rama de canela.
- Emulsionar la leche ahumada y servir una cucharada grande de ella y otra del jugo del braseado.

TAILLEVENT

Av. Champs-Elysées

El gran paseo
The great promenade

Abierto por Le Nôtre en 1670, el "Grand-Cours" o "Gran Paseo" fue el primer nombre de los Campos Elíseos, cuya alameda finalizaba en el célebre Rond-Point. Hubo que esperar el comienzo del siglo XVIII para que el duque de Antin mandara hacer un puente de piedra en el Gran Desagüe que la limitaba y prolongar la avenida hasta el actual Arco del Triunfo. Aunque ampliado por el marqués de Marigny en 1774, el paseo era entonces tan poco seguro como oscuro. La construcción de lujosas mansiones particulares en la calle del Faubourg-Saint-Honoré, cuyos jardines llegaban hasta los "campos", lo animó gracias también al establecimiento de numerosos restaurantes, cafés, juegos de pelota y de bolos. El lugar es todavía menos frecuentado en 1804, ya que Lebon, inventor del gas para el alumbrado ¡es asesinado ahí en un matorral! En 1794, cuando el terror transforma el Sena en olas de sangre, Louis David, pintor y revolucionario, decide colocar en la entrada de la avenida una obra de Coustou, esculpida en 1745, los "Caballos de Marly", que representaba a dos sementales númidas domados por africanos. No es sino a partir de 1828 que aceras, laterales asfaltadas y 1,200 faroles llamados "bec de gaz" vienen a embellecer el paseo, sin olvidar las numerosas salas de conciertos y los teatros. Con el retorno de las cenizas de Napoleón I, 100,000 curiosos se amontonaron en la célebre avenida a pesar del frío siberiano. La vida mundana del Segundo Imperio (1852-1870) escogería los Campos Elíseos como lugar privilegiado del fausto y la elegancia: las mansiones de la Paiva o del duque de Morny ilustran de maravilla la época. Aunque hoy en día ya nadie reside ahí, ninguna avenida del mundo tal vez sea tan frecuentada y conocida, tanto más cuanto que en ella se desarrollan manifestaciones de importancia con una derroche de efectos: pensemos en el desfile del bicentenario de la Revolución Francesa, en el campo de trigo trasplantado

Opened by Le Nôtre in 1670, the "Grand Cours" (Great Avenue) was the first name of the Champs Elysées, whose promenade ended at the famous Rond-Point (Circle). It was necessary to wait until the beginning of the 18th century for the Duke of Antin to have a stone bridge constructed over the Great Sewer that bounded it and the avenue extended to the present-day Arc de Triomphe. Though widened by the Marquis of Marigny in 1774, the promenade was then as unsafe as it was dark. The construction of private luxury residences on the Rue du Faubourg Saint Honoré, whose gardens reached the "Champs", brought animation thanks also to the establishment of many restaurants, cafés, royal-tennis courts and games of bowls. The premises were again nearly abandoned in 1804, when Lebon, the inventor of gas lighting, was murdered there in a thicket! In 1794, when the Reign of Terror transformed the Seine into a stream of blood, Louis David, painter and revolutionary, decided to place at the entrance to the avenue a work by Coustou, sculpted in 1745, Marily's Horses, depicting two Numidean stallions being tamed by Africans. It was only from 1828 on that sidewalks, paved side roads, and 1,200 gas lamps served to embellish the walk, not to mention a number of concert halls and theaters. At the time of the return of Napoleon I's ashes, 100,000 onlookers crowded onto the famous avenue, in spite of the Siberian cold. The fashionable life of the Second Empire (1852-

o en las exposiciones de Botero o de locomotoras antiguas. Sea lo que sea, los Campos Elíseos ya no son, en su mayor parte, la morada infernal en la que Orfeo buscaba a su Eurídice, sino la de los bienaventurados de hoy, que admiran la increíble perspectiva tanto como disfrutan pasear.

1870) was to choose the Champs Elysées as a privileged place of pomp and elegance: the residences of La Païva or the Duke de Morny perfectly illustrate the times. Although nowadays no one lives there any more, certainly no avenue in the world is so frequented or so famous, particularly since important demonstrations take place there with a riot of effects: let us recall the parade for the bicentennial of the French Revolution, the transplanted field of wheat or the Botero exhibits, or antique locomotives. Be that as it may, the Champs Elysées is no longer, for the most part, the abode of the underworld where Orpheus looked for his Eurydice, but rather that of the blessed of today, who admire the incredible view just as much as they enjoy their stroll.

Hacia mediados del siglo XIV, Guillaume Tirel entra al servicio de Jeanne d'Évreux como "Mozo de Cocina", recibió un nombre que quedaría en la historia: Taillevent, maestro afilador de Felipe de Valois, del duque de Normandía, de los reyes Carlos V y Carlos VI. Su arte era tal que su blasón lleva tres marmitas rodeadas de seis rosas. Taillevent es también el autor del primer libro de cocina que se conoce en francés: *Le Viander*, escrito en 1379. ¿Cómo sorprenderse de que André Vrinat haya elegido ese nombre célebre para inscribirlo en la enseña del restaurante que abre en París en 1946, cerca de la Place Saint-Georges?. La primera estrella Michelin ilumina su destino a partir de 1948 y dos años más tarde, el "Taillevent" se instala en las proximidades de los Campos Elíseos, en la Rue Lamennais, en el distrito VIII. La hermosa mansión particular que sirve de pantalla al talento de Alain Solivarès se construyó bajo Napoleón III en 1852, y perteneció al duque de Morny, hijo natural de la reina Hortensia y consecuentemente hermano uterino del último emperador francés. Antes de que la comprara Vrinat, la mansión albergó, durante numerosos años, la Embajada de Paraguay. La decoración interior se

Un alquimista parisiense
A parisien alchemist

TAILLEVENT

Toward the middle of the 14th century, when Guillaume Tirel entered the service of Jeanne d'Evreux as "kitchen boy", he received a name that would live on in history: Taillevent, master chef to Philippe de Valois, to the Duke of Normandy, and to Kings Charles V and Charles VI. His art was such that his coat of arms contained three stockpots bordered by six roses; Taillevent was also the author of the first known cook book in French: Le Viandier, written in 1379. Is it any wonder that André Vrinat selected this famous name to place on the signboard of the restaurant that he opened in Paris in 1946, near Place Saint Georges? The first Michelin star lit the way for its destiny from 1948 on and, two years later, the "Taillevent" relocated in the vicinity of the Champs Elysées, on Rue Lamennais in the 8th arrondissement. The beautiful mansion that served as a background to set off Alain Solivarès's talent was built under Napoleon III in 1852, and belonged to the Duke of Morny, the illegitimate son of Queen Hortense and thus half-brother of the last French emperor. Before being purchased by Vrinat, the mansion for many years housed the Embassy of Paraguay. The interior decoration is constantly being renovated: a Beauvais

renueva constantemente: un tapiz de Beauvais engalana la entrada; en los comedores, uno cubierto por un lambrín, otro ornamentado con pintura china sobre seda, una colección de obras contemporáneas llevan las firmas de Bargoni, Gontard, Pisa, Kuroda; un biombo laqueado de Coromandel cubre el acceso a las cocinas; en las vitrinas montadas en las maderas se exponen porcelanas y trabajos de orfebrería antiguos. La atmósfera de un refinamiento sutil es acogedora al grado de que uno cree que está en casa de un amigo, ciertamente afortunado. El respeto a la tradición culinaria francesa es el credo de esta prestigiada casa, sin que por ello se descuide el necesario toque de modernismo sabiamente dosificado. La carta está hecha a imagen del restaurante, renovada incesantemente, maravillosamente sorprendente: espelta de Sault en *risotto* trufado, ancas de rana doradas, pollita de Bresse asador, puntas de espárragos y champiñones de Auvernia, *moelleux* de chocolate "puro Caribe", crujiente a la naranja y a las frambuesas. En este marco de infinita delicadeza, las artes de la mesa se celebran con la debida devoción y afortunada iniciativa.

tapestry adorns the entrance; in the dining rooms, one of which is covered with wood-paneling, the other decorated with Chinese painting on silk; there is a collection of contemporary works signed Bargoni, Gontard, Pisa, Kuroda; a lacquered Coromandel screen conceals the access to the kitchens; in the paneling, glass cases display antique china and gold work. The atmosphere of subtle refinement is welcoming to the point that one feels he is visiting a friend, a wealthy one of course. Respect for the French culinary tradition is the credo of this prestigious house, but not to the point of disregarding the necessary touch of modernism skillfully measured out. The menu resembles the restaurant, constantly being renewed, marvelously astonishing: spelt from the Sault region in risotto garnished with truffles, glazed frogs' legs, Bresse chicken cooked on a spit, asparagus tips and Auvergne mushrooms, "pure Caribbean" chocolate moelleux, orange and raspberry croustillant. In this setting of infinite refinement, the culinary arts are celebrated with the required devotion and with a fortunate initiative.

INGREDIENTES:
- · 150 g de hojaldre de primera calidad
- · 12 g de tocino campesino
- · 65 g de *foie gras* de pato en su grasa
- · 15 g de trufa negra
- · 50 g de col confitada
- · 10 g de jamón crudo de bellota
- · 10 dl de fondo de ternera
- · 1 cucharada de jugo de un asado
- · 1 yema de huevo
- · banyuls

EMPANADILLA DE HOJALDRE
AL FOIE GRAS DE PATO, TRUFA NEGRA,
COL VERDE Y TOCINO CAMPESINO

PREPARACIÓN:
- · Blanquear la col cortada en tiras.
- · Cocer con trozos de jamón y de mantequilla; a los 3/4 de la cocción, añadir 1 cucharada de jugo de asado.
- · Revestir una taza grande de rebanadas delgadas de tocino campesino.
- · Montar con col, trufa y foie gras.
- · Doblar con las rebanadas delgadas de tocino.
- · Reservar en el frío. La empanadilla queda cerrada.
- · Poner en el hojaldre, marcar y dorar.
- · Cocer 12 minutos a 200 °C.
- · Una vez cocido, barnizarlo.
- · Servir, aparte, un jugo de ternera trufada.

ALAIN SOLIVÉRÈS

F. B.: ¿Qué idea tiene del gusto?

A.S.: El gusto es primordial. Es inseparable de la calidad del producto, con la que nunca se pueden hacer concesiones y que de ninguna manera debe enmascararse. Hay que tratarlo de la forma más neutra posible, cocinarlo con la mayor sencillez del mundo: con un aceite de oliva, una buena mantequilla, el condimento apropiado, sin desnaturalizar los sabores originales del producto.

F. B.: Según usted ¿el gusto se educa?

A.S.: Ciertamente, y desde la más tierna edad, gracias a la educación que uno recibe de los padres. Tengo hijos, y muy pronto los enseñé a comer un poco de todo, cosas muy diferentes de lo que pueden comer en la escuela. Por eso hay que hacerlos probar el pescado, la carne, las vísceras, las espinacas, por ejemplo, y así, el gusto se forma poco a poco.

F. B.: ¿Donde nació usted?

A.S.: Soy mediterráneo, nativo de Montpellier. Mi abuela era de Malta y mis padres son *pieds-noirs* que vinieron de Argelia.

F. B.: ¿Cómo ve la cocina de nuestro tiempo?

A.S.: La cocina francesa ha evolucionado mucho y muy bien. En este momento, se le incorporan influencias de todo el mundo, como la cocina asiática, por citar sólo esa. La vajilla también está cambiando, y está bien. No obstante, no hay que olvidar que lo más importante no es el plato ¡sino lo que se pone en él! Cuando le sirven una crema en un vaso con varias "cositas", no es a lo que yo le llamo cocina. No hay que hacer cualquier cosa. Algunos lugares se prestan a tal o cual decoración de las mesas pero ¿por qué seguir tontamente las modas? Si va a grandes restaurantes parisienses, podrá encontrar vajillas que no van de acuerdo con el marco. Todo debe conjugarse en función de los diversos elementos constitutivos de un establecimiento y de su identidad para formar un conjunto coherente.

F. B.: ¿Cuáles son sus fuentes de inspiración?

A.S.: Las estaciones. Parto del principio de que hay que respetarlas y trabajar el producto cuando está ahí.

F. B.: En su trayectoria ¿cuál chef lo ha marcado más?

A.S.: Todos me han marcado. He trabajado con Bruno Cirino, que ha influido mucho en mí, pero también con Alain Ducasse, Alain Senderens, Jacques Maximin. Cada uno tiene su personalidad, su método de trabajo, un concepto muy personal de la cocina.

F. B.: Si su hijo le preguntara qué camino seguir para convertirse en un gran cocinero ¿qué le aconsejaría?

A.S.: Primero, un aprendizaje sobre el terreno, como tuve la suerte de hacerlo. Pero creo que de aquí a diez años el oficio habrá

F. B.: What is your opinion of taste?

A.S.: Taste is essential. It is inseparable from the quality of the product, which should never be tampered with and which must not be masked in any way. The product should be treated as neutrally as possible, cooked the simplest way in the world: with some olive oil, good butter, a suitable dressing, without distorting the original flavors of the product.

F. B.: In your opinion, is taste learned?

A.S.: Certainly, and from the youngest age, thanks to the training that one has received from one's parents. I have children and, very early, I taught them to eat a little of everything, things that are very different from what they can eat at school. That's why you have to make them try fish, meat, giblets and spinach, for example, so their taste is formed little by little.

F. B.: Where were you born?

A.S.: I am a Mediterranean, a native of Montpellier. My grandmother was Maltese and my parents are pieds-noirs (Algerian-born French).

F. B.: How do you view the cuisine of our time?

A.S.: French cuisine has evolved a lot, and very well. At the moment, influences come here from all over the world to be transplanted, such as Asian cuisine, to mention only one example. The china is also changing, and that's just as well. You mustn't forget however that the most important isn't the plate but what one puts on it! When you are served a cream in a glass with several little "thingummies", that's not what I call cuisine. You can't prepare just any old thing. Some places lend themselves to such or such a table decoration, but why stupidly follow the fashions? If you go into the great Parisian restaurants, you can find china that doesn't go with the surroundings. Everything must be combined according to the various elements that make up an establishment and its identity in order to form a coherent whole.

F. B.: What are your sources of inspiration?

A.S.: The seasons. I start from the principle that you have to respect them and work with the

evolucionado mucho y temo lo peor. Tome el caso de Francia, que ha sido la primera en aprobar el régimen de las 35 horas de trabajo semanal, es muy difícil motivar a los jóvenes a trabajar doce horas al día. Para nosotros, esa noticia es catastrófica. Las mentalidades están cambiando en Francia; mire las huelgas ¡uno se pregunta quién va a querer seguir trabajando! ¿Qué imagen tienen los extranjeros que vienen a Francia de nuestro país? Tengo un equipo de veinte cocineros, y a fuerza de oír las historias de las 35 horas y de las huelgas, los jóvenes ya no tienen deseos de trabajar, todo el mundo se lo puede decir. Hace diez años, para entrar en una casa como la nuestra, había que esperar uno o dos años. Ahora ya no encuentra a nadie; todos los chefs de "tres estrellas" Michelin están buscando personal. La profesión padece un profundo malestar. Tengo verdadero temor de que el espíritu de los compañeros desaparezca definitivamente. Todavía hay jóvenes que tienen deseos de aprender, pero cada vez son menos numerosos, lamentablemente.

F. B.: Fuera de la cocina ¿tiene alguna pasión?

A.S.: Nuestro oficio nos toma tres cuartas partes de nuestro tiempo. En esas condiciones, en mi familia, mi esposa y mis hijos se concentra lo más fuerte de mi pasión, porque el resto de la semana no los veo. Mi primera pasión, mi vida, es la cocina. Si no logra encontrar un equilibrio entre el trabajo y la vida privada, se vuelve loco. ¡Hay tantas presiones en las casas como esta! Si no tiene una esposa e hijos que comprendan lo que hace, un día u otro, truena.

F. B.: ¿Cuál fue su reacción cuando el anuncio de su tercera estrella?

A.S.: De hecho ¡la tercera estrella no la tuve nunca! Este año, el Taillevent festeja sus 30 años de "tres estrellas" Michelin, lo que es absolutamente excepcional; pero las tres estrellas nunca se adquieren, se cuestionan en todo momento. Cuando estaba en otra parte, cuando obtuve dos estrellas Michelin —¡y esas eran completamente mías!— me sentía un poco sorprendido, contento por mi equipo, una verdadera satisfacción personal, pero no son sino estrellas al trabajo, una recompensa por lo que uno ha hecho. Hay muy buenos chefs y de muy buenos restaurantes que no tienen estrellas. Por otra parte, las estrellas no lo hacen todo, a veces he comido mejor en restaurantes pequeños que en los grandes restaurantes. Aunque la presión sea continua y cotidiana, no hay que vivir con ese estrés, primero hay que hacer correctamente el trabajo. En cambio, si nos retiran una estrella es que hay un verdadero problema. No hay que tomar en consideración simplemente la cocina, la dificultad puede venir del salón o del servicio. Sabe usted, un restaurante es un todo: la acogida, la cocina, la delicadeza del personal, la limpieza del establecimiento, la calidad de los meseros, sin olvidar la palabra amable para el cliente. El plato no lo es todo. Si come en un tres estrellas, todo debe ser perfecto, el trabajo en la cocina y el servicio en el salón deben ser uno solo; todos

product when it's available.

F. B.: In your career, what chef has most influenced you?

A. S.: They all have. I worked with Bruno Cirino, who influenced me a lot, but also with Alain Ducasse, Alain Senderens, Jacques Maximin. Each of them has his own personality, his method of working, and a very personal concept of cuisine.

F. B.: If your son asked you what way to follow to become a great chef, what would you advise him to do?

A. S.: First would be training in this field, as I was lucky enough to have. But I believe that, ten years from now, the profession will have evolved a lot and I fear the worst. Take the case of France, which has been the first to approve the 35-hour work week: it becomes very difficult to motivate young people to work 12 hours a day. For us, this new state of affairs is catastrophic. Mentalities are changing in France; look at the strikes, you wonder who still wants to work!. What image do strangers who come to France have of our country? I have a team of twenty cooks, and, after listening to all this fuss about 35 hours and strikes, young people don't want to work anymore, everybody will tell you. Ten years ago, to get into an establishment like ours, you had to wait a year or two. Today, you can't find anybody anymore; all the Michelin "three-star" chefs are looking for personnel. The profession is going through a time of great unrest. I'm really afraid the spirit of fellowship may disappear permanently. There are still young people who want to learn, but there are fewer and fewer of them all the time, unfortunately.

F. B.: Outside of cookery, do you have a passion?

caminamos en una misma dirección, y pienso que eso aquí se siente.

F. B.: ¿Cómo maneja las tensiones?

A.S.: Con la experiencia. Los servicios no se parecen entre sí, unas veces todo sale muy bien y otras menos bien. A veces sucede que toda la gente llega al mismo tiempo o en un ritmo más espaciado. En todos los casos, tenemos que hacerle frente.

F. B.: ¿Tiene un platillo preferido?

A.S.: Cocino la espelta como un risotto con trufas frescas o morillas, míscalos o ancas de rana: es una de las grandes especialidades a la que le di el punto en el Vernet, y desde entonces me sigue. Incluso le debo cierta celebridad. De todos modos, me gusta trabajar todo, ya sean carnes, legumbres o pescados. Creo que se juzga más a un chef por su manera de trabajar productos menos nobles, no por el bogavante, sino por el poro que lo acompaña.

F. B.: ¿Cuál es el perfil de su clientela?

A.S.: Internacional, categoría palaciega: americanos, asiáticos, hombres de negocios, políticos ¡la gente de mediana edad exigente! Pienso que los satisfacemos. Nuestro trabajo es una pasión que exige una regularidad infinita, el arte de saber rodearse, una cierta manera de mandar, de dirigir; creo que a un chef se lo juzga por la duración, tiene que resistir al tiempo, a las modas, aunque sea para poder seguir viviendo su pasión hasta el final. Ese es mi más caro anhelo: seguir cocinando, formando, dando placer.

A.S.: Our profession takes up three quarters of our time. In these conditions, my family, my wife and children, are the focus of the strongest of my passion, because the rest of the week I don't see them. My first passion, my life, is cooking. If you can't manage to find a balance between your profession and your private life, you go mad. There's so much pressure in establishments like this one. If you don't have a wife and children who understand what you are doing, sooner or later, things snap...

F. B.: What was your reaction when your third star was announced?

A.S.: Actually, I never had the third star! This year, Taillevent is celebrating its 30 years of "three Michelin stars", which is absolutely outstanding; but the three stars are never acquired, they are called into question all the time. When I was at another place, when I picked up "two Michelin stars" - and those really were for me! - I was a little surprised, happy for my team, a true personal satisfaction, but those are only stars, I mean for your work, a reward for what you've done. There are very good chefs and very good restaurants that don't have stars. Besides, stars aren't everything, I have sometimes eaten better in small restaurants than in very large ones. Although the pressure is constant, every day, you don't have to live with this stress, first you have to do your work properly. But then, if a star is taken away from us, it's because there's a real problem. You don't take just the kitchen into consideration, the snag could come from the dining room or the service. You know, a restaurant is a whole: the reception, the kitchen, the personnel's attentiveness, the establishment's cleanliness, the quality of service, without forgetting the small, kind word to the customer. The plate isn't everything. If you eat in a three-star, everything must be perfect everywhere, the kitchen work and the dining-room service must make up a unit; we are all going in the same direction, and I think here that can be felt.

F. B.: How do you manage tensions?

A.S.: With experience. Not all services are the same, sometimes it goes very well and other times not so well. It may happen that people arrive all at the same time, or more gradually. In all cases, we just have to cope.

F. B.: Do you have a favorite dish?

A.S.: I make spelt cooked as a risotto with fresh truffles or morels, chanterelle mushrooms or frog's legs: it's one of the great specialties that I perfected at the Vernet, and that later followed me. I even owe a certain amount of my fame to it. In any case, I like to work with everything, whether it's a meat, vegetable or fish. I believe that one judges a chef more on the way he works with less noble products, not on his lobster but on the leek that accompanies it.

F. B.: What is the profile of your clientele?

A.S.: International, luxury hotel category: Americans, Asians, business men, politicians, those demanding people in their fifties! I think they're satisfied. Our profession is a passion that requires infinite uniformity, the art of knowing how to surround oneself, a certain way of ordering, directing: I believe a chef is judged on his lasting power, he has to hold out against the times, the fashions, even if just to be able to keep living out his passion to the end. That's my dearest wish: to continue to cook, train, give pleasure.

INGREDIENTES:
- 150 g de *pavé* de salmón
- 4 piezas de espárragos verdes crudos
- 1 limón
- 1 dl de aceite de oliva
- sal fina y pimienta recién molida
- sal gruesa y pimienta molida
- 1 cucharada de salsa bearnesa
- 5 g de pimienta blanca
- banyuls

SALMÓN SALVAJE DEL ADOUR
SERVIDO ROSADO, VIRUTAS DE ESPÁRRAGOS CRUDOS, REDUCCIÓN DE UNA BEARNESA Y BANYULS

PREPARACIÓN:
- Cocer el salmón rosado.
- Cortar las colas de los espárragos en bastones regulares.
- Cortar las cabezas de los espárragos con la mandolina a lo largo.
- Añadir el limón, el aceite de oliva, la sal y la pimienta.
- Disponer los bastones de espárragos formando cruces sobre el salmón cocido, cubrir luego con las cabezas de espárragos.
- Trazar un cordón de salsa bearnesa a la izquierda y un cordón de banyuls reducido a la derecha.

INGREDIENTES:

CREMA DE FRUTA DE LA PASIÓN:
- 300 g de azúcar
- 800 g de puré pasión
- 240 g de yemas de huevo
- 280 g de azúcar
- 8 g de gelatina

CARAMELO SALSA DE FRUTA DE LA PASIÓN:
- 1 l de puré pasión
- 200 g de azúcar
  colar, reducir, añadir cítricos

PARA EL SOUFFLÉ:
- 80 g de crema pastelera natural
- 40 g de crema pasión
- 200 g de claras de huevo azucaradas

SORBETE DE COCO:
- 1 l de leche
- 250 g de coco rallado fresco

SOUFFLÉ DE FRUTAS DE LA PASIÓN

SOBRE HOJA DE PLÁTANO, SORBETE DE COCO

PREPARACIÓN:
- Vaciar las frutas de la pasión.
- Rellenar a 1/3 con crema de la pasión.
- Cubrir con la mezcla para soufflé.
- Colocar en el horno a 200 °C.

PRESENTACIÓN:
- En un plato, disponer dos mitades de frutas de la pasión , acompañar con sorbete de coco y decorar con caramelo salsa de fruta de la pasión.

LES BÉATILLES

Parque Monceau

LA FOLIE DE CHARTRES
THE FOLIE DE CHARTRES

En 1778, Luis Felipe d'Orleáns, duque de Chartres antes de ser duque de Orleáns, compró a Grimod de la Reynière, gastrónomo si lo hubo, una gran superficie de terreno seco y desnudo; al mismo tiempo, adquirió otras parcelas de propietarios del apacible pueblo de Monceau. No es sorprendente que el sitio haya sido más que árido, desolado, ya que la etimología de Monceau viene de *mons calvus*, "monte calvo", modesta aldea que existe desde el siglo XIV. El duque de Chartres, al que no le faltan nombres, no es otro sino Felipe Igualdad, primo del rey Luis XVI, cuya muerte no dudará en votar en 1793. Pero más de diez años antes del comienzo de la Revolución, Luis Felipe tiene otras ideas en mente: confía a Carmontelle, autor dramático, lector y maestro de ceremonias de su señor, la tarea de diseñar un jardín extraordinario al estilo de un parque inglés. Es de creerse que tuvo éxito en su empresa, puesto que no tardaron en referirse al nuevo parque como el "país de ilusiones": la Folie de Chartres. La extensión de lo que en la actualidad es el Parque Monceau corresponde a la mitad de lo que fue a fines del siglo XVIII. De la época solo quedan un pequeño bosque, el río, una montaña artificial con una gruta, estelas y sobre todo, la "Naumaquia", gran estanque oval rodeado de una columnata corintia que provendría de una capilla erigida por Catalina de Médicis y destruida en 1719. A la entrada del parque, el "Pabellón de Chartres" es una bella rotonda adonde el duque hizo que le acondicionaran en la bóveda del domo un salón tranquilo desde el cual contemplaba la vista de la campiña que lo rodeaba. El pabellón sirvió como punto de observación a los guardias de la muralla de la concesión de los Recaudadores de Impuestos. Numerosos merenderos animaban el lugar frecuentado entonces por cocheros y carboneros. En 1852, el Estado compró la Folie de Chartres. Alphan reformó los jardines acordes al gusto de Napoleón. Amputado por un programa de repartición, la ciudad de París compró el parque en 1870. A unos pasos, en la calle de Monceau, nació Oscar I, rey de Suecia y de Noruega, hijo de Bernadotte y Désirée Clary. El antiguo cementerio de Errancis se extiende en sus

In 1778, Louis-Philippe of Orleans, Duke of Chartres before becoming Duke of Orleans, purchased from Grimod de la Reynière – a gastronome if ever there was one – a large area of dry, stark land; he acquired other parcels from owners of the peaceful village of Monceau at the same time. It is hardly surprising that the site was arid if not desolate, since the etymology of Monceau comes from mons calvus, *"bald mountain", a modest village existing since the 16th century. The Duke of Chartres, who was not lacking in names, was none other than Philippe-Égalité, the cousin of King Louis XVI, whose death he did not hesitate to vote for in 1793. But, more than ten years before the beginning of the Revolution, Louis-Philippe had other ideas in mind: he entrusted the task of designing an extraordinary garden in the style of an English park to Carmontelle, the dramatic author, reader, and organizer of his master's celebrations. We may assume that he succeeded in his undertaking since it did not take long to nickname this new park, this "land of illusions": Folie de Chartres. What is today Monceau Park is half the size it was at the end of the 18th century. All that remains from that time is a small wood, the river, an artificial mountain with a cave, four steles and above all the "Naumachie", a large, oval pond surrounded by a Corinthian colonnade said to have come from a chapel built by Catherine de Médicis and destroyed in 1719. The Pavillon de Chartres, at the entrance to the park, is a beautiful rotunda where the duke had a quiet salon made for himself, in the calotte of the dome, from which he could contemplate the view onto the surrounding countryside. The pavilion served as an observation*

proximidades: lugar de inhumación de los ajusticiados del Terror, guardó los cuerpos de Dantón, Desmoulins, Fabre d'Eglantine, madame Elisabeth, hermana del rey y Robespierre, entre otros, antes de que sus restos fueran transferidos a las Catacumbas; el "baile de la Chaumière" se instaló en el terreno, ya que los a los franceses les gusta que todo acabe con canciones.

post for tollhouse guards of the Farmer Generals' wall; a number of outdoor cafés enlivened the premises, which were at that time frequented by coachmen and colliers. In 1852, the state bought the Folie de Chartres. The gardens were redone by Alphand, who adapted them to the taste of Napoleon III. Reduced by a parceling program, the park was acquired by the city of Paris in 1870. Oscar I, King of Sweden and Norway, son of Bernadotte and Désirée Clary, was born on Rue de Monceau, a few steps away. The old Cemetery of Les Errancis lay close by: the burial place for victims of the Terror, it contained the bodies of Danton, Desmoulins, Fabre d'Églantine, Mme. Élisabeth, sister of the king, and Robespierre, among others, before their remains were transferred to the Catacombs; the "bal de la Chaumière" was set up on the property, the French liking everything to finish with songs…

Próximo a la Place des Ternes, de las avenidas Niel y Mac Mahon, una callecita del Distrito XVII escapa a la algarabía de las grandes arterias: Villeroy-Mareuil es su nombre cantarino, patronímico de un coronel francés muerto en Transvaal del lado de Boers, a principios del siglo XX. Una vez en la acera, el aficionado se detendrá en el 11 bis: un amplio salón claro y sobrio, un decorado joven y amistoso, un ambiente bañado de un amarillo tierno del que se desprende una gran calma, a semejanza de este distrito haussmaniano que no tiene historia. El espíritu de "Béatilles" está en su carta y en su cava, donde se mecen jamones y embutidos. La enseña tiene su origen en Italia: Catalina de Médicis importó este raro término que designa un aparato de carnes menudas y delicadas, crestas de gallo, mollejas de ternera que sirven de guarnición a los volovanes, bocadillos, tortitas y patés. La palabra se aplica igualmente a las golosinas que confeccionan las religiosas. Refinamiento sumo. Con Christian Bochaton y Catherine, su esposa, el cliente se siente afortunado de que lo traten sin ostentación, de descubrir que la audacia culinaria es posible, gracias a un agudo sentido del equilibrio de los sabores. De origen saboyano, ciertamente el chef no carece de imaginación, sus

EL ESPÍRITU DE "BÉATILLES"
THE SPIRIT OF "BÉATILLES"

LES BÉATILLES

Close to the Place des Ternes, at Avenues Niel and MacMahon, a small street in the 17th arrondissement escapes from the uproar of the major arteries: Villebois-Mareuil is its lilting name, the patronymic of a French colonel who was killed in the Transvaal on the side of the Boers at the beginning of the 20th century. Walking along the sidewalk, the restaurant lover will stop at 11 bis: a large, bright, sober dining-room, with young, convivial decor, a setting bathed in a tender yellow that gives off a great calmness, in keeping with this Haussmannian district without a history.

The spirit of "Béatilles" is in its menu and in its cellar, hung with hams and charcuterie. The name is of Italian origin: Catherine de Médicis imported this unusual term designating a collection of small, fine meats, rooster crests, and veal sweetbreads used to decorate vol-au-vents, titbits, pies and pâtés. The word also applies to small articles hand-made by nuns. Sophistication, in short. At Christian Bochaton and his wife Catherine's restaurant, the customer is fortunate enough to be treated without ostentation, to discover that culinary audacity is

nems de caracoles y champiñones del bosque en jugo de anís lo comprueban. Citemos por el placer su tatin de endibias caramelizadas, buñuelos de ostras a las especias dulces, crema helada al yodo, un verdadero poema que completa una estrofa épica: la pastilla de paloma y foie gras de pato a las especias. La crema *ganache* es incomparable, simplicidad, inspiración, armonía. La estrella que consagra los lugares no brilla en vano ni sin razón, y de acuerdo con el pensamiento Michelin "por su categoría, esta buena mesa" merece decididamente una desviación. El menú de una noche y lo dedicado al descubrimiento del talento de Bochaton la imponen por lo módico de sus precios en relación con el desempeño. No olvidemos una idea genial: la celebración, de noviembre a marzo, del Saint-Cochon o San Cerdo, culto reservado a este animal más francés que nunca y al cual se presta una multitud de devotos encantados y de aficionados ilustrados.

possible, thanks to an acute sense of the balance of flavors. The chef, a native of Savoy, is certainly not lacking in imagination; his spring rolls of snails and forest mushrooms and anise juice prove it. Let us mention, just for pleasure, his Tatin of caramelized endives, oyster fritters with mild spices, iodized ice cream, a veritable poem that completes an epic stanza: the pigeon pastilla and foie gras of duck with spices. The ganache cream is incomparable: simplicity, inspiration, harmony. The star that endorses the premises does not shine in vain, or for no reason and, according to the Michelin spirit, this "good table of its category" definitely deserves a detour. In fact the menu for an evening, and the one dedicated to the discovery of Bochaton's talent, demand it, considering the moderate price with respect to the performance. Let us not forget an ingenious idea: the celebration, from November to March, of Saint-Cochon (Saint-Pig), a cult reserved for this beast which is more French that ever and in which a crowd of delighted devotees and of enlightened food-lovers participate.

INGREDIENTES:
- 1 bogavante bretón
- 1 toronja roja y 1 blanca
- 1 manzana Granny Smith
- 1 cebolla tierna
- 1 manojo de cilantro
- 8 espárragos
- 2 tomates
- 1 dl de aceite de oliva y 2 láminas de gelatina
- 100 g de bunio

CEVICHE DE BOGAVANTE Y PUNTAS DE ESPÁRRAGOS CON JUGO ESPUMOSO A LAS MANZANAS VERDES

PREPARACIÓN:

- Para la tartara de tomates: Pelar los tomates y cortarlos como para salpicón. Cincelar la cebolla tierna y la mitad del cilantro, mezclarlo todo con 5 dl de aceite de oliva.
- Cocer 6 minutos el bogavante en una olla bien alta, enfriarlo y quitarle el caparazón.
- Pelar los cítricos y sacar los gajos.
- Cortar el bogavante en rebanadas y mezclar con los gajos de los cítricos, el resto del cilantro y del aceite de oliva.
- Cocer los espárragos, cortarlos en trozos de un centímetro y añadirlos al bogavante. Refrigerar 20 minutos.
- Pasar la manzana por el extractor, separar 1/3 del jugo extraido y llevarlo al punto de ebullición. Incorporar las dos láminas de gelatina previamente remojadas. Mezclar con el jugo frío y batir con fuerza para obtener una espuma ligera y blanca.
- Reservar en el frío hasta la presentación del plato.

PRESENTACIÓN:

- Tomar 4 copas ligeramente abiertas y llenarlas comenzando por la tártara de tomates, luego el bunio ligeramente rebanado y después la mezcla: bogavante, cítricos, espárragos. En el último momento, terminar por una cucharada de manzana verde. Servir bien frío.

CHRISTIAN BOCHATON

F. B.: ¿Cuál ha sido su trayectoria?

C.B.: Primero quiero decirle que soy de origen saboyano. Después de la escuela de hotelería, fui al Hermitage, en La Baule, como repostero; después llegué a París, donde trabajé en varias casas: con Jacques Menière, en casa de Dodin Bouffant, con Claude Terrail de La Tour d'Argent, luego en el Hilton de la Avenida Suffren. Me independicé en 1987, no era en verdad evidente, pero cuando uno comienza no le teme a nada. Los comienzos fueron difíciles. No teníamos mucho dinero, lo que es preocupante cuando hay que comprar de todo y, muy importante, la rotación de la clientela no llega enseguida. Estaba completamente solo, cocinaba, lavaba platos, hacía las compras; era como en la casa. Lo que nos proponíamos tenía más de catering que de cocina verdaderamente profesional. A partir de 1988, la prensa hablaba de nosotros ¡y de ahí salió todo! Vendí mi antiguo negocio en plena crisis antes de instalarme en un antiguo restaurante libanés, abrimos en cuanto se terminaron los trabajos. La prensa nos siguió. La estrella llegó en 1999. Hoy, a los 47 años, me digo que la edad no tiene mayor importancia, todo pasa en la cabeza.

F. B.: ¿Cuántas personas forman su equipo?

C.B.: Somos cinco en la cocina y tres en el salón. Desafortunadamente, me vi obligado a reducir el número. En París, la restauración es un oficio particularmente difícil. Las obligaciones son aplastantes; abrimos todos los días excepto los fines de semana, y como tengo dos niños, quiero reservar decididamente un poco de tiempo para dedicarles, también necesito reencontrar el mundo, salir, ver a los amigos.

F. B.: ¿Qué idea tiene del gusto?

C.B.: Es algo muy personal, muy preciso, cada uno lo siente y lo expresa de diferente manera. A eso añádale que la cocina evoluciona; gracias a todas las influencias llegamos a una especie de mezcla de sabores, de modos de cocción que se renuevan constantemente. No soy de la opinión de conservar los excesos, todo con especias o todo agridulce o todo dulce. Cuando viajamos encontramos cosas, guardamos recuerdos, aspectos de cultura que pueden influir en nuestra manera de cocinar, pero en ningún caso deben dirigirla esos conocimientos. Recibimos una formación básica, la de la cocina clásica francesa: con las bases que adquirimos evolucionamos, incluso podemos modernizar algunas. Cada vez que creamos, partimos de las bases. De todas maneras, si quiere obtener algo que esté conforme a la idea que tiene, debe ser precisa. Jugamos con lo que aprendimos.

F. B.: What has your career been like?

C.B.: First I want to say that I am a native of Savoy. After studying at Hotel School in Thonon, I went to the Hermitage in La Baule, as pastry cook, and then I came to Paris, where I worked at several establishments: with Jacques Menière at the "Dodin Bouffant", with Claude Terrail of the Tour d'Argent, then at the Hilton on Avenue de Suffren. I started out on my own in 1987; it wasn't really the obvious choice but, when you start out, you aren't afraid of anything. The beginnings were difficult. We didn't have a lot of money, which is a nuisance when you have to buy everything and, especially, the clientele turnover doesn't come immediately. I was all alone, I did the cooking, the dishwashing, the shopping; it was like at home. What we offered was more like catering than truly professional cuisine. From 1988 on, the press spoke of us and things took off! I sold that business in 1993 to move into a former Lebanese restaurant. We opened as soon as the work was finished. The press followed us. The star came in 1999. Today, at the age of 47, I tell myself that age has hardly any importance, everything happens in one's head.

F. B.: How many people is your team made up of?

C.B.: There are five of us in the kitchen, and three in the dining-room. I was unfortunately forced to reduce the number. In Paris, the restaurant business is a particularly difficult occupation. The demands are overwhelming; we're open every day except the weekend and since I have two children, I absolutely insist on keeping a little time to dedicate to them and I also need to meet people, get out, see some friends.

F. B.: What's your opinion of taste?

C.B.: It's something very personal, very precise, everyone feels it and expresses it differently. Add to that the fact that cuisine is evolving; thanks to all the influences, we reach a kind of motley of flavors, ways of cooking that are constantly being renewed. I don't believe in going to extremes: all

F. B.: ¿Cómo ve usted la cocina de nuestro tiempo?

C.B.: A través de los verdaderos profesionales, la veo rica, en plena forma, pero cuando uno da con la cocina de moda, la veo de una manera desoladora, por no decir mortificante, odio lo que es mezcla de todo sin sentido. Lo que hacemos no tolera lo mediocre. Las cosas no vienen así nada más; sin técnica, sin trabajo, no hay resultados. El cliente no está obligado a saber, es nuestra maña, nuestro asunto. Muchos establecimientos se llaman "restaurantes", aunque en ni opinión, no lo son. La cocina de moda verdaderamente no me gusta.

F. B.: ¿Cuáles son sus principales fuentes de inspiración?

C.B.: Mis viajes en general y la Isla Mauricio en particular. Ahí encuentra uno una mezcla de influencias indias, chinas, malgaches, criollas, tipos de cocción diferentes a los nuestros, otras especias, otras hierbas. Lo que me interesa es tratar un mismo producto de diferentes maneras. En otros países se encuentra a personas que tienen su misma pasión: dar placer. Se expresan de otro modo, es todo, y eso va a enriquecer una cocina que hace lo que sea necesario para no caer en el aburrimiento. No hay nada peor para un cocinero que la rutina. Si no le temiera, si no estuviera habitado por la pasión de cocinero ¡me regresaría a esquiar! En lo que hago, tiendo a dar un movimiento, quisiera que mi cocina no fuera demasiado estática. No es *world food*. Trato de llevar, en pequeños toques, diferentes sabores, de ser original. Un platillo logrado debe perdurar y, para que perdure, debe ser atrayente, provocar deseo. Cuando llega el platillo, la mirada viene antes que el gusto, la vista es muy importante. El primer contacto gustativo debe decuplicar el placer. El más delicado, el más duro, es el postre: un toque azucarado pone fin a la comida. No debe ser, en ningún caso, cuantitativo, sino sorprendente, quizás incluso perturbador, no agresivo. La idea que tenemos del gusto es a través de la denominación, pero en el paladar ocurre algo más.

F. B.: ¿Ha influido en usted Saboya?

C.B.: No lo creo. Siempre está presente en mi carta porque como todo el mundo, tengo recuerdos de infancia. Trabajamos los pescados del Lago Lemán, la trucha alpina, diferentes frituras, es el lado saboyano que me queda. Y luego, tuve mi formación, eso permanece. La cocina saboyana es ante todo campesina. Los productos de la región se componen de embutidos, los platillos son fortificantes. Conservo todo eso para mí, cuando mis amigos van a la casa. De todas maneras, creo que no estamos sino en el comienzo de

spices or all sweet-and-sour or all sugary. When we travel, we meet people, we keep our memories, cultural aspects that can influence our way of cooking, but on no account should this information control it. We've received a basic training, in French cuisine classique; once these basics are acquired, we evolve with them, we can even update some of them. Every time we create, we start from this basis. Anyway, if you want to obtain something that conforms to the idea you have, you must be precise. We play with what we've learned.

F.B.: How do you view the cuisine of our time?

C.B.: Through the real professionals, I view it as being rich, in top form but, when one lapses into "in" cuisine, it makes me lose heart (in fact it makes me groan), I hate whatever is a senseless mixture of everything. What we do can't tolerate any mediocrity. Things don't come just like that; with no technique, and no work, there are no results. The customer doesn't have to know this, it is our "trick of the trade", our business. A lot of establishments are called "restaurants" whereas in my opinion, they are no such thing. I really don't like cuisine that's "in".

F.B.: What are your main sources of inspiration?

C.B.: My trips in general, Mauritania in particular. You find a blend of Indian, Chinese, Madagascan, and Creole influences there, types of cooking different from our own, other spices, other herbs. What interests me is treating the same product in several ways. In other countries, you meet people who have the same passion you do: giving

una mutación. Las generaciones siguientes serán ricas en influencias y, si conservan un perfecto dominio de las técnicas, darán vida a una cocina de un género nuevo. Lo que me gusta hoy son en primera, los platillos simples, no hay nada más arduo que cocinar con sencillez, conservar la autenticidad de un producto, respetar la cocción de una seta, festejar el cerdo como lo hago de noviembre a marzo. Créame, esta clase de iniciativas tiene un éxito de locura en París. La gente ya está cansada de no saber qué es lo que está comiendo. Nuestro trabajo es no decepcionarlos.

pleasure. They express themselves differently, that's all, and that enriches a cuisine that does its best not to lapse into boredom. There's nothing worse for a cook than routine. If I weren't afraid, if I weren't filled with a passion for cooking, I would go back to skiing! In what I do, I want very much to give movement, I wouldn't want my cooking to be too static. This is not "world food". I try, by little touches, to bring different flavors, to be original. A successful dish should remain and, for it to remain, it must be appealing, appetizing. When the plate arrives, the sight of it comes before the taste, the eye is very important. The first taste contact should increase the pleasure tenfold. The most delicate, and difficult is the dessert: a sweet touch finishes the meal. So it should not, on any account, be copious but surprising, maybe even disturbing, though not aggressive. We have an idea of the taste through the name but something more impinges on the palate.

    F. B.: Has Savoy influenced you?

    C.B.: I don't think so. It is always present in my menu because like everybody else I have childhood memories. We work with the small fish from Lake Geneva, the char, whitefish, different fried fish, the Savoy side is the one that has remained with me. And then, I did my training there, that remains. Savoyard cooking is above all peasant style. Products of that area are made up of charcuterie, the dishes are invigorating. I keep all that for my private self, when my friends come to my home. Anyway, I think that we are just at the beginning of a change. The next generations will have a lot of influences and, if they maintain perfect control of the techniques, this will give birth to a new kind of cuisine. Today, what I like first of all are the simple dishes, nothing is more difficult than cooking simply, keeping the authenticity of a product, respecting the cooking of a mushroom, celebrating the pig as I do from November to March. Believe me, this kind of initiative achieves great success in Paris. People are tired of not knowing any more what they're eating. Our job is not to let them down, to reassure them.

PARA 4 PERSONAS

INGREDIENTES:
- 1 kg de costillar de cerdo
- 20 tomates coctel
- 1/2 manojo de perifollo
- 1/2 manojo de albahaca
- 1/2 manojo de cebolleta
- 1/2 manojo de estragón
- aceite de oliva
- 1 diente de ajo y 2 estrellas de anís
- jugo de 2 naranjas
- 1 dl de vinagre balsámico

MARINADA
- 150 g de miel
- 3 cucharadas de salsa de soya
- 1 cucharada de aceite de oliva
- 1 diente de ajo y 2 estrellas de anís
- 30 g de jengibre y 10 clavos
- 1 rama de canela y 1 cucharadita de pimienta

COSTILLAR DE CERDO CAMPESINO

BRASEADO-ASADO AL VINAGRE BALSÁMICO
CON HIERBAS FRESCAS

PREPARACIÓN:
- Mezclar los clavos, el anís de estrella, la canela y la pimienta. Picar el ajo y el jengibre. Mezclar con la salsa de soya, la miel y el aceite de oliva.
- Poner el costillar en un recipiente, cubrir con la marinada y envolverlo bien.
- Cubrir con papel encerado y ponerlo en el refrigerador durante 24 horas.
- Pasadas las 24 horas, sacar el costillar, y ponerlo en una plancha para hornear.
- Colar la marinada de encima, añadir el jugo de naranja y el vinagre balsámico.
- Hornear a 150 °C durante 1 hora y media bañándolo con regularidad con el fin de caramelizar lentamente.
- Una vez cocido, añadir los tomates y hornear otros 10 min.
- Sacar del horno y retirar el costillar, reducir hasta que tenga la consistencia de un jarabe ligero.
- Cortar el costillar en rebanadas de 1.5 cm.

PRESENTACIÓN:
- Presentar en un plato hondo con los tomates.
- Cubrir con el jugo y cubrir nuevamente la parte superior del costillar con la mezcla de hierbas con una gota de aceite de olivo.

PARA 4 PERSONAS

INGREDIENTES:

- 150 g de arroz Arborio
- 400 g de leche de coco
- 3 dl de leche entera
- 100 g de azúcar
- 1/2 lámina de gelatina
- cáscara de 1/2 naranja
- 1 rama de canela
- 1 vaina de vainilla
- jugo de 1/2 limón verde
- 1 mango
- hojas de menta y de toronjil
- azúcar mascabado
- agua
- pimientas blanca, verde y gris

TIMBAL DE ARROZ
CON LECHE DE COCO
Y MANGO CARAMELIZADO

PREPARACIÓN:

- Preparar el jarabe mezclando el azúcar mascabado, el agua, las pimientas y las cáscaras; llevar al punto de ebullición y hacer una infusión.
- Hervir la leche, añadir el arroz, la vainilla, la canela y la cáscara de naranja; dejar cocer lentamente de 35 a 40 minutos.
- Colar el jarabe y reducir hasta que tenga consistencia debida, añadir el jugo del limón verde. Reservar.
- Pelar y cortar el mango en láminas finas, pasar 30 segundos por el jarabe de especias y revestir los timbales, en los cuales se habrá dispuesto previamente un papel encerado.
- Una vez cocido el arroz, retirar la cáscara de naranja y la canela, añadir el azúcar y la gelatina.
- Poner en los timbales y enfriar.

PRESENTACIÓN:

- Una vez bien frío, desmoldar los timbales, decorar con el jugo de especias, las hojas de menta y de toronjil.

GUY SAVOY

PLACE
CHARLES DE GAULLE

Arco del Triunfo

Una estrella triunfal

A triumphant star

Le Nôtre, jardinero del rey Luis XIV, no podía adivinar que al arreglar desde el Palacio de las Tullerías vastas avenidas arboladas destinadas a los paseos, se convertiría en el padre de la avenida más célebre del mundo: los Campos Elíseos. Nombrada así desde 1694, esta impresionante perspectiva desemboca en el siglo XVIII, en una explanada. En 1758, se proyectó construir ahí un elefante gigante donde cupiera un teatro y un salón de baile. Deseoso de exaltar la fuerza de su Gran Armada y celebrar el sol de Austerlitz del 2 de diciembre de 1805, Napoleón I decide ordenar que se erija un arco de triunfo monumental cuya primera piedra se coloca el 15 de agosto de 1806. El proyecto de Chalgrin se aprueba tres años más tarde. Al suceder a su maestro, Goust manda construir las bóvedas de los arcos pequeños, pero la Restauración de los Borbones en 1814 pone fin a los trabajos que se continuarán en 1826. Huyot y luego Blouet acaban el monumento de 49 metros de alto y Luis Felipe I, rey de los franceses, lo consagra en 1836 a la defensa de la patria. Cuatro grupos de bajorrelieves ilustran escenas de la época revolucionaria y del Primer Imperio: *La partida de los voluntarios para el frente en 1792* o *«La Marsillesa»*, de Rude ; *El triunfo de Napoleón en 1810*, de Cortot; *La resistencia de 1814 y La paz de 1815*, d'Étex. Durante la ceremonia del traslado de las cenizas de Napoleón, el 15 de diciembre de 1840, los restos del emperador y el cortejo pasan bajo el Arco. A la muerte de Víctor Hugo en 1885, los despojos del más ilustre de los escritores románticos descansan en un inmenso catafalco antes de que se los transfiera al Panthéon. Para el segundo aniversario del armisticio, el 11 de noviembre de 1920, se inhuma al pie del monumento el cuerpo de un soldado desconocido caído en el campo del honor y tres años más tarde se enciende la llama del recuerdo para honrar a los muertos de la Gran Guerra. La Place de l'Étoile, actualmente Place Charles de Gaulle, se concluyó en 1854. El barón Haussmann, prefecto de París encargado de rediseñar la capital durante el Segundo Imperio, le añade siete avenidas: l'Étoile tiene a partir de entonces doce picos. Si para Hugo *«París es*

Le Nôtre, the gardener for King Louis XIV, could not have dreamt that by arranging vast tree-lined avenues intended for strolling, starting from the Palais des Tuileries, he was to become the father of the most famous avenue in the world: the Champs Elysées. Thus named since 1694, this impressive perspective ended in the 18th century at an earth platform. In 1758, there were plans to build a giant elephant there that would be large enough to contain a theater and a ballroom! Anxious to glorify the strength of his Great Army and to extol the Sun of Austerlitz (December 2, 1805), Napoleon I decided to have a monumental Arc de Triomphe erected, whose first stone was laid on August 15, 1806. Chalgrin's project was not approved until three years later. Taking over from his master, Goust had the vaults of the small arches constructed but the Bourbon restoration in 1814 brought the work, which was not resumed until 1826, to a halt. Huyot and then Blouets completed the 49-meter-high monument, and Louis-Philippe I, King of the French, dedicated it in 1836 to the defense of the homeland. Four groups of bas-reliefs illustrate scenes of the revolutionary era and the First Empire: Departure of Volunteers for the Front in 1792 or *Rude's "La Marseillaise", the* Triumph of Napoleon in 1810 *by Cortot,* The Resistance of 1814 *and* The Peace of 1815 *by Etex. During the ceremony of the transference of Napoleon's ashes on December 15, 1840, the remains of the emperor and the cortège passed under the Arc. Upon Victor Hugo's death in 1885, the remains of the most illustrious of the romantic writers rested on an enormous catafalque before being transferred to the Pantheon. For the second*

una araña con una estrella immensa donde se prenden las naciones», el Arco del Triunfo simboliza el corazón glorioso de los patriotas inflamado por los ideales y la libertad.

anniversary of the armistice on November 11, 1920, the body of an unknown soldier fallen on the field of honor was buried at the foot of the monument and, three years later, the memorial flame was lit to honor the dead of the Great War. The Place de l'Étoile (today Place Charles de Gaulle) was not finished until 1854; Baron Haussmann, the Paris prefect in charge of redesigning the capital under the Second Empire, had seven avenues added: the Étoile from then on would have 12 points. If for Hugo "Paris is a spider with the immense web in which nations are caught", the Arc de Triomphe symbolizes the glorious heart of patriots zealous about ideal and liberty.

El barrio de la Étoile se parece a un gigantesco carrousel en el que miles de coches giran cada día. Y sin embargo, basta con dar unos pasos para que todo retorne a la calma. Así, entre una victoria (Wagram) y un mariscal de Francia (Mac-Mahon), la Rue Troyon respira un aire más sereno. En ese rincón chic del distrito XVII de París se alza otro monumento: "El hostal del siglo XXI". El restaurante de Guy Savoy se le parece. El lugar es acogedor, sonriente, jubiloso, moderno, es decir, contemporáneo. Esta casa, este planeta aparte, es indudablemente la de este chef que se aleja de las normas. El ambiente de gran diseño refleja la pasión del *maître* por el arte y los artistas. Un gusto seguro se expone en las paredes tanto como en las mesas, incluso en los platos que llevan la firma de Jean-Michel Wilmotte, creador igualmente de las sillas, sin olvidar las obras de Laurent Beyne, autor de los saleros, mantequilleras, candelabros, concebidos sobre el tema de la gota de agua. Aquí todo es armonía, tonos suaves y claros con maderas preciosas, una vajilla sobriamente elegante; en resumen, intuiciones que prolongan el deseo que todos tienen de dar placer. Ese es el credo de Savoy, la razón de su vida, su mayor felicidad. Y

LA CASA DE LA FELICIDAD
THE HOUSE OF HAPPINESS

GUY SAVOY

The Étoile area looks like a gigantic merry-go-round where thousands of cars revolve every day. And yet, you just have to walk a few steps away and everything becomes quiet again. So, between a victory (Wagram) and a Marshal of France (MacMahon), the Rue Troyon breathes a more serene air. In this chic corner of Paris's 17th arrondissement stands another monument: "L'Auberge du XXIᵉ siècle" (The 21st Century Inn). Guy Savoy's restaurant resembles the person. The premises are welcoming, smiling, joyful, modern, which is to say contemporary. This establishment - this separate planet - is indeed that of this exceptional chef. The very "designer" surroundings reflect the maître's passion for art and artists. Unquestionable taste is shown on the walls as well as on the tables, on plates that are signed by Jean-Michel Wilmotte, also designer of the chairs, without forgetting the works of Laurent Beyne, creator of the butter-dishes, salt cellars, candlesticks, all conceived on the theme of a drop of water. Here, everything is harmony: soft, light hues, precious wood, soberly elegant china; intuitions, in short, that come to prolong the desire always to give pleasure. This is Savoy's creed, his raison d'être, his first happiness. And since nearly nothing is left to chance, no one will be surprised to find this temple to well-being and the arts located on Rue Troyon, since this landscape artist, born in Sèvres in 1810, dedicated the greater part of his work to painting rustic scenes before ending up

como casi nada es obra de la casualidad, nadie se sorprenderá de encontrar este templo del bienestar y del arte en la Rue Troyon, ya que este paisajista, nacido en Sèvres en 1810, consagró la mayor parte de su obra a pintar escenas campestres, antes de terminar celebrando la belleza tranquila y solemne de las vacas francesas. Un cocinero que se vuelve loco con la pintura tenía naturalmente un lugar en una calle dedicada a un gran animalista que maneja el color con maestría. El general de Gaulle decía que los franceses eran becerros ¿y si esto que por tanto tiempo hemos tomado como un reproche fuera un cumplido? Sea lo que sea, sería razonable precipitarse al Savoy como un rebaño, puesto que en él nada entorpece la vista, el gusto, el paladar. Ahí todo es gracia y belleza, amor por el objeto raro y el platillo refinado, delirio tanto por su "Fat Lady", cortesana de la época Tang, como por sus bronces Dogon o las aves de Costa de Marfil. El aficionado no es solamente un sibarita, sino también un curioso al que no es posible decepcionar: lo que despierta nuestros sentidos no se resume con los placeres de la mesa, el chef tiene mucha razón en estar convencido de que no se puede saborear verdaderamente sin impregnarse de un ambiente. Pero por el amor de Dios, cuando usted esté imbuido (del encanto...) de este restaurante que ya es casi mítico, no olvide ordenar algunos platillos legendarios: los crustáceos en caliente-frío, el robalo sobre escamas asado a las especias dulces, el pato salvaje asado, el tejo de chocolate con habas Tonka, por no citar sino algunos que son éxitos completos. Cuando se tiene la felicidad de estar en el Guy Savoy, lo terrible es tener que irse.

extolling the calm, solemn beauty of French cows. A cook mad about painting naturally had his place in a street dedicated to a great animal colorist. General de Gaulle said of the French that they were calves; but what if what we have long taken to be a reproach were really a compliment? Whatever the case may be, it would be wise for us to flock to Savoy's because nothing at his restaurant offends one's sight, good taste, or palate. Everything there is grace and beauty, a love for rare objects and refined dishes, rapture for his "Fat Lady", lady of the court during the Tang Dynasty, as well as for his Dogon bronze or Senufo birds from the Côte d'Ivoire. The lover of fine food is not only a gourmet but also an inquisitive person who cannot be disappointed: what awakens our senses cannot all be summed up in the pleasures of the table, the chef is quite right in being convinced that fine cuisine cannot really be savored unless immersed in the right atmosphere. But for goodness' sake, while imbued with the charm of this restaurant, already nearly mythical, do not forget to order some legendary dishes: Crustacés en Chaud-Froid (Chaud-Froid of Shellfish), Bar en Écailles Grillé aux Épices Douces (Bass in Scales Grilled in Mild Spices), Colvert Rôti (Roasted Mallard), Palet Chocolat à la Fève Tonka (Chocolate Disk with Tonka Bean), to mention only a few absolute successes. When one is fortunate enough to be at Guy Savoy's, what is terrible is having to leave.

INGREDIENTES:
- 2 docenas de ostras especiales nº 2
- 2 dl de crema fresca
- 1 pata de ternera
- 2 zanahorias
- 1 cebolla
- 1 limón
- 1 bouquet garni
- pimienta entera
- hojas de espinacas

PARA 4 PERSONAS

MATERIAL:
1 sartén abierta; 1 tamiz fino o chinois; 1 tazón; 1 cacerola;
1 batidor; 1 mezcladora; 4 platos de servicio.

OSTRAS EN BAÑO HELADO

PREPARACIÓN Y PRESENTACIÓN:

- Blanquear la pata de ternera poniéndola en una cacerola con agua hasta que hierva.
- Sacarla y ponerla a cocer en agua clara con una zanahoria, una cebolla pequeña, el bouquet garni y la pimienta entera. No le ponga sal.
- Una vez cocida, la pata de ternera servirá para otro uso.
- Reservar la cocción que se pasará por un chinois, enfriarla y dejarla en el refrigerador hasta que adquiera la consistencia de una gelatina.
- Abrir las ostras reservando el agua que contienen en un tazón y sacarlas de la concha con la punta de un cuchillo. Reservar 4 ostras por persona en refrigeración.
- En una sartén, llevar la crema al punto de ebullición, batir bien y dejarla cocer unos minutos. Fuera de la lumbre, añadir las ostras restantes y reducirlas a puré con la mezcladora. Bañar el fondo de cada plato con esta crema. Dejar enfriar.
- Una vez que la crema esté fría y se haya fijado en el fondo del plato, disponer encima las ostras restantes y salpicar con pulpa de limón picada finamente. Decorar con hojas de espinacas, cortadas muy delgadas, colocadas sobre las ostras y, entre las ostras, poner ruedas de zanahoria con canela previamente cocidas.
- Mezclar el agua de las ostras con la gelatina de la pata de ternera de manera de obtener una gelatina ligera y homogénea. Bañar las ostras y la crema de manera regular y servir muy frías.

Guy Savoy

F. B.: ¿En qué momento sintió el llamado de la cocina?

G.S.: ¿Llamado? No sé, yo diría más bien interés. Soy un degustador; me di cuenta muy pronto de que la cocina podía dar mucho placer. Tuve la suerte de tener una madre que cocinaba muy bien. Era un placer inconsciente. Primero pensaba que era normal comer tan bien, pero cuando de chico iba a comer a casa de mis amigos, tomé conciencia de que lo que pasaba en mi casa era diferente, primordial. Mi día estaba marcado por el ritmo de menús de placer, haciendo honor a la palabra: estaba el placer de pensar en lo que iba a comer, el placer de ir a la cocina, de levantar la tapa de la cacerola, de meter el dedo en el plato… un verdadero llamado. Ya estaba fascinado con la transformación. La cocina es una magia, una magia concreta en la que uno transforma un producto en un platillo. Muy pronto, quise ser cocinero porque me fascinaba la manera de transformar inmediatamente las cosas. El resultado es inmediato ¡es formidable esa rapidez! El arquitecto debe esperar años para ver sus diseños, sus planos convertirse en un edificio o una casa; yo tengo la suerte de tener productos que tienen vida propia, verdadera, cultural: el pollo de Bresse por ejemplo, en cuarenta o cincuenta minutos vamos a transformarlo en el lugar mismo, a dos pasos del comensal. ¡Es mágico! He ahí la razón por la que me complazco cada vez más al ver los platos salir de la cocina.

F. B.: En la alianza vino-platillo ¿quién inspira a quién?

G.S.: Pienso que tiene lugar en ambos sentidos. De hecho, la primera pregunta que me hago es ¿con quién? Cuando se tiene la respuesta, se puede ir más lejos: tome por ejemplo el "atún todos sabores en jugo al jengibre"; ese platillo se pensó para degustarlo con Montrachet, la quintaesencia del Chardonnet y la idea era pues reencontrar, restituir en la preparación lo que siento al tomar Montanchet: los albaricoques, la uva, el piñón, el pan tostado… Interpreto una cepa, un marco único, un vino único puesto a punto por un viticultor único. Si parto de una caza, de un pernil de corzo, pienso en un Pommard. El aspecto físico es básico. Si hay 35°, el deseo de la sensación de frío precede al gusto del sorbete. Tendría más deseos de beber un vino tinto fresco en pleno verano que si afuera hay -10°. Es como con la música: ¿a quién le gustaría escuchar una ópera cuando hace mucho calor, aunque sea *Carmen*? Pero si hace frío y hay fuego en la chimenea, un puro, puedo escucharla todo el día.

F. B.: ¿Qué sentido se despierta primero en usted?

G.S.: La vista, después el olfato. En cocina, el tacto rara vez es agradable. Estoy celoso de los puros, creo que es el único "platillo" que se puede tocar con un inmenso placer todo el tiempo que dura la degustación. No es el caso de los alimentos, siempre llega un momento en que físicamente ya no se puede más, es una pena. ¡Tocar la piel de un pollo de Bresse, es el erotismo total! ¡Es una seda! ¡Pero no es posible quedarse

F. B.: At what moment did you feel a calling to be a chef?

G.S.: Calling? I don't know, I would rather say interest. I'm a taster; I very quickly realized that cooking could bring a lot of pleasure. I was fortunate enough to have a mother who cooked very well. It was an unconscious pleasure. At first I believed that it was normal to have such good meals, but when I went to eat at my little friends' homes, I became aware that what we had at home was different, essential. The rhythm for my day was set by small (menu) pleasures, no pun intended:[1] there was the pleasure of thinking about what I was going to eat, the pleasure of going to the kitchen, raising the lid, and sticking my finger in the dish… a real appeal. I was already fascinated by the transformation. Cookery is a type of magic, concrete magic in which one transforms a product into a dish. Very early on, I wanted to be a chef because I was fascinated by the way of transforming things instantly; the result is immediate, the speed is impressive! An architect has to wait for years to see his designs, his plans, become a building or a house. I'm fortunate enough to have products with a true, cultural, life of their own: Bresse chicken for example – in forty or fifty minutes, we'll transform it, on the spot, just a few steps away from the guest. It's magic, that's why I enjoy more and more watching plates leaving the kitchen.

F. B.: In the combination wine/dish, which inspires which?

G. S.: I think that it happens in both directions. In fact, the first question that I ask myself is: with who? When one has the answer, one can go farther: take the "Thon Toute Saveur Jus au Gingembre" (Full Flavor Tuna with Ginger Juice); this dish was intended to be savored with Montrachet, the quintessence of the Chardonnet, and thus the idea was to recover, to recreate in the preparation what I taste when I drink some Montrachet: apricot, grape, pine nut, toast… I interpret a strain, a unique setting, a unique wine perfected by a unique wine grower. If I start from some game, a leg of venison, I think of Pommard. The physical approach is fundamental. If it is 35° outside, the desire for the sensation of cold precedes the taste

---

1. There is a pun on the French word "menu", which means both "small" and "menu".

dos horas con un ejote, aunque sea suave, ¡ni con una pularda sin trabajarla!

F. B.: ¿Cuándo pasó a la creación de platillos?

G.S.: No hay innovación sin tradición. Se evoluciona permanentemente; nada habría sido posible sin un dominio perfecto de las técnicas y eso pasa por el aprendizaje. Innovar es una idea. ¿Pero qué es lo que da la idea? Es el deseo y para concretarlo, debe saber cómo proceder, cómo vaciar un pescado, cómo sacar los filetes, como cocer. Cuando usted tiene el dominio de las técnicas, de las principales combinaciones y conjuntos, ve lo que puede hacer con cajas de langostinos: hace un *fumet*, lo prueba, es extraordinario ese gusto brutal, esa fuerza que sin embargo se esfuma tan pronto. Entonces dice: "Tengo que añadir una fécula, pero cuál: ¿puré de chícharos, papas?". Un día probé con lentejas y estuvo perfecto. Pero si no hubiera conocido el poder tranquilizante y aglutinante de la fécula, no habría imaginado el gusto, no habría podido concretar mi búsqueda; llegué a eso porque he estado inmerso en la cocina desde hace años. Pasa como con las palabras, uno aprende a colocarlas en su forma y valor, trato de poner los sabores en forma, pero si no hubiera aprendido las técnicas, no lo habría logrado.

F. B.: Tengo entendido que usted comenzó por la repostería.

G.S.: Sí, la repostería es parte de una formación, en la medida en que se está virgen. Cuando vivía en casa de mi madre, había cocinado truchas, caracoles, pollo al vino, pero una receta de cocina es difícil de hacer a partir de un texto, muchas cosas no se especifican. Cuando uno dice: "salar, pimentar", no dice la cantidad. En repostería esta codificado, las señales son precisas; he ahí por qué es importante, porque es científico.

F. B.: ¿Qué piensa de la "Nouvelle Cuisine"?

G.S: He tenido la suerte de ser un "bebé Nouvelle Cuisine". Comencé mis estudios con Troisgros, papa de la "Nouvelle Cuisine", luego estuvieron Chapel, Guérard, era la libertad total. Antes, la identidad del platillo era la salsa; en la "Nouvelle Cuisine" es el producto. En los años 70, eso correspondía a una mejora en el nivel de vida, a la toma de conciencia de que la cocina forma parte de nuestra cultura: pasar una velada en un gran restaurante es tan cultural como ir a la ópera o al teatro.

F. B.: ¿Por qué crear los bistrots?

G.S.: Porque tengo la preocupación de la nobleza del producto, de lo artesanal, de la frescura y de la autenticidad; en lugar de cocinar un rodaballo o un bogavante, sacamos lo mejor de una pescadilla, de un bacalao fresco, de una calabaza, con la misma voluntad de calidad. En la actualidad, el cocinero tiene algo que decir en toda forma de alimentación, así que es normal que abra *brasseries* o restaurantes, que trabaje para la industria. Para el consumidor, es la garantía de ver que se integra la noción de placer a lo que está comiendo. Si toma como ejemplo *La fiesta de Babette*, es el elogio más bello que se ha dirigido a la cocina, a la buena convivencia, por lo que representa de generosidad, porque es un placer dar placer. En materia de calidad, todo ha cambiado. La gente prefiere comer un buen salchichón que un mal foie gras, tienen razón. Además, los mercados son cada vez más

of the sherbet. I will want to drink a cool red wine more in the middle of summer than if it is -10° outside. It is like music: who would want to listen to an opera during a heat wave, even Carmen? But if it is cold, if there is a fire in the grate, and a cigar, I can listen to it all day long.

F. B.: What sense awakened in you first of all?

G.S.: Sight, then smell. In cooking, touch is rarely pleasant. I'm jealous of cigars, I believe that they are the only "dish" that can be touched with immense pleasure all during the tasting. This is not the case with food; a moment always comes when you can't manage any more physically, it is a pity. Touching the skin of a Bresse chicken is total eroticism! Like silk! But I cannot sit for two hours with a green bean, even a silken one, or with a fattened pullet without preparing it!

F. B.: When did you move on to creating dishes?

G.S.: There is no innovation without tradition. One evolves permanently; all this has been made possible only by means of a perfect mastery of techniques, and that happens through training. Innovating is an idea. But what gives us the idea? It is desire, and in order to carry out your desire you must know how to proceed, how to clean a fish, how to remove the fillets, how to cook. When you have mastered the techniques and the main combinations and preparations, you see what you can make of cases of scampi: you make an aroma, you taste it, this harsh taste is extraordinary, this strength that fades so quickly however. Then you say to yourself: "I have to add a starch, but which: split pea, potato?". One day I tried lentils, it was perfect. But if I hadn't known the soothing, binding power of starch, if I hadn't been able to imagine the taste, I wouldn't have been able to satisfy my search; I managed to do so because I had been immersed in the kitchen for years. It is the same with words, you learn to shape and emphasize them; I try to shape

hermosos. Antes prácticamente no se encontraba más que la golden, ahora, es fácil comprar unas quince variedades de manzanas. Por otro lado, cada avance tecnológico permite hacer cosas nuevas, pero no hay que sistematizar nada: ¡la margarina no reemplaza a la mantequilla, los Beatles no deben hacernos olvidar a Mozart! Aprovechemos ambos. En cuanto a los *bistrots* y los restaurantes, es igual, uno complementa al otro.

F. B.: Si un joven viniera a pedirle consejo ¿qué le diría?

G.S.: ¡Que haga su propio camino! Tiene que formarse. Cuando estaba en segundo, yo era el único que verdaderamente sabía lo que quería hacer y todos me tenían por idiota. Hagamos lo que tenemos ganas de hacer. Hoy en día, lo que les falta a los que tienen una pasión es la posibilidad de trabajarla porque quieren hacerlos encajar en el marco de los que no tienen pasión. Es lamentable. La ventaja de envejecer es poder ver crecer los árboles que uno sembró. Nuestra paciencia, nuestra voluntad tienen, en todos los casos, la ayuda de lo cotidiano: la impaciencia del momento imposibilita todo lo demás. Hay que trabajar apasionadamente, es todo. Sabe usted, lo que busco es reencontrar las sensaciones de la infancia; solo a los niños se los puede frecuentar, los demás son aburridos.

F. B.: ¿Qué representan las estrellas?

G.S.: El sueño del aprendiz de cocinero que era yo hace treinta años. La tercera estrella es la misma impresión que cuando un equipo de rugby obtiene un título importante: la emoción.

flavors but, if I hadn't learned the technical bases, I wouldn't have managed.

F. B.: You started with pastry-making I believe.

G.S.: Yes, pastry-making forms part of a training, inasmuch as you're a virgin. When I lived in my mother's home, I had cooked trout, snails, coq-au-vin; but a kitchen recipe is difficult to prepare from a text, a lot of things are not specified. When it says: "add salt, pepper", it doesn't give the quantity. In pastry-making it's codified, the references are precise; that's why it's important, because it's scientific.

F. B.: What do you think of the "Nouvelle Cuisine"?

G.S.: I was fortunate enough to be a "Nouvelle Cuisine baby". I began my training with Troisgros, pope of the Nouvelle Cuisine; then there was Chapel, Guérard, it was total freedom. In the past, the identity of the dish was the sauce; here, it's the product. In the 1970's, it also corresponded to a rise in the standard of living, to the awareness that cuisine forms part of our culture: spending an evening at a great restaurant is just as cultural as going to the opera or the theater.

F. B.: Why create cafés?

G.S.: Because I was meticulous about the nobility of the product, the craft, the freshness and authenticity; instead of cooking turbot or lobster, we make the best of a hake, or a cod, or a pumpkin, with the same desire for quality. Today, the cook has his say in all forms of food, it is therefore normal for him to open brasseries or restaurants, for him to work for the industry. For the consumer, it guarantees he'll see the notion of pleasure integrated into what he eats. If you take Babette's Feast for example, it is the most beautiful eulogy addressed to cookery, to conviviality, for what it depicts about generosity, because it's a pleasure to give pleasure. As far as quality goes, everything has changed. People prefer to eat a good sausage than a badly prepared foie gras, and they're right. Besides, markets are getting more and more attractive. Yesterday, Golden was just about all you could find, and now it's easy to find some fifteen different types of apples. Besides, every technological advancement makes it possible to make new things, but nothing should be systematized: margarine doesn't replace butter, the Beatles shouldn't make us forget Mozart! Let's make the most of both. For cafés and restaurants it's the same, one thing completes the other.

F. B.: If a young person came to ask you advice, what would you say to him?

G.S.: To follow his own way, and not Savoy's way![2] He must make a way for himself. When I was second chef, I was the only who really knew what I wanted to do and everybody took me for an idiot. Let's do what we want to do, the way we want to do it. Today, what's missing in those who have a passion is the possibility of putting it into practice, because they want to fit the mold of those who don't have a passion. It's a shame. The advantage of getting older is being able to watch the trees we planted growing; our patience, our will are in any case helped by the instantaneousness of everyday life: the impatience of the moment makes all the rest possible. You have to work passionately, that's all. You know, my quest is to retrieve the sensations of my childhood; only children are good company, others are boring...

F. B.: What do the stars represent?

G.S.: The dream of the apprentice chef that I was thirty years ago. With the third star it's the same impression as when a rugby team brings home an important title: excitement.

2. There is a pun here on the expressions "his own way" and "Savoy's (way)" which are pronounced the same way in French.

PARA 4 PERSONAS

INGREDIENTES:

- 12 zanahorias miniatura
- 12 poros miniatura
- 100 g de ejotes verdes
- 250 g de habas
- 250 g de chícharos
- 100 g de chícharos japoneses
- 4 hojas de col
- 12 espárragos *ballets*
- 3 ó 4 nabos redondos grandes
- 1 brócoli

- crujientes de betabeles rojos y camotes
- brotes nuevos de espinaca
- 1 tomate grande
- 1 manojito de estragón
- 30 granos de cilantro
- aceite de oliva
- mantequilla
- jugo de limón (1 pieza)

RAGÚ DE HORTALIZAS
A LOS GRANOS DE CILANTRO

PREPARACIÓN:

PELAR Y PREPARAR LAS LEGUMBRES:

- Pelar las zanahorias guardando algo de las hojas.
- Retirar la primera capa de los poros.
- Pelar los nabos y darles forma oval.
- Cortar los brócolis en ramitos.
- Quitarles las colas a los chícharos verdes y los chícharos japoneses.
- Desgranar las habas y los chícharos.
- Cortar la parte dura de los espárragos.
- Retirar las venas grandes de las hojas de col.

COCCIÓN DE LAS LEGUMBRES:

- Cocer las zanahorias y los nabos en agua salada con una bolita de mantequilla.
- Refrescar y guardar el agua de la cocción.
- Cocer las legumbres verdes en mucha agua salada por separado. Refrescar.
- Retirar la piel de las habas y los chícharos una vez cocidos.
- Pelar el tomate, cortarlo en dados pequeños y guardar en el frío.
- Reservar las legumbres en el frío por separado.
- Cortar la col en 4 buenos triángulos.

EL JUGO:

- Mezclar un poco del agua de la cocción con las zanahorias y los nabos.
- Montarla con mantequilla y aceite de oliva y sazonar con un poco de limón.
- Agregar el cilantro y el estragón cortado fino, luego los dados de tomate.

PRESENTACIÓN:

- Cubrir el fondo del plato con el jugo bien caliente.
- Disponer armoniosamente las legumbres calentadas con anterioridad en un poco de agua con sal y una bolita de mantequilla para glasearlas ligeramente.

DECORADO:

- Decorar con crujientes de betabeles rojos y de camotes.
- Añadir brotes nuevos de espinacas.

INGREDIENTES:
- 90 g de avellanas en polvo (bruto)
- 30 g de harina
- 30 g de almendras en polvo
- 55 g de azúcar mascabado (azúcar rojo de betabel)
- 50 g de azúcar refinada
- 150 g de claras de huevo
- 70 g de crema de castañas a la vainilla del Piamonte
- 4 castañas confitadas del Piamonte
- 70 g de crema doble de Normandía

BIZCOCHO SUAVE CON AVELLANA

PREPARACIÓN:
- Mezclar el polvo de avellanas, la harina, el polvo de almendras y el azúcar mascabado. Tamizar.
- Al mismo tiempo, montar las claras a punto de nieve con el azúcar refinada y mezclar después con los polvos de avellanas y almendras tamizados.
- En un molde para pastel, hornear el bizcocho a 170 °C durante 40 minutos.
- Después de la cocción, cortar rebanadas de bizcocho, adornarlas y después tostarlas.

PRESENTACIÓN:
- Colocar el bizcocho en el centro del plato luego hacer una hermosa quenela marmolada de crema de castañas y crema doble.
- En el borde del plato, disponer una castaña confitada y una avellana al caramelo.
- En el momento de servir, salpicar ligeramente con avellana para condimentar el postre.

LE CINQ

Río Sena

JORGE V
GEORGE V

Hijo del rey Eduardo VII, iniciador de la Entente Cordial con Francia en 1904, Jorge de Hannover Sajonia-Coburgo nace en Londres en 1865; rey de Gran Bretaña e Irlanda en 1910, es también emperador de la India, como su ilustre abuela Victoria, muerta con el nuevo siglo. En 1917, Eduardo cambia el nombre de la dinastía que reina desde el advenimiento de Jorge I (1714), a "Windsor". El Imperio Británico se lanza victoriosamente a la Primera Guerra Mundial, razón por la cual se da el nombre del soberano a una avenida de París en 1918. El rey Jorge muere el año del Frente Popular, en 1936. Fuera del célebre hotel inaugurado en 1928, la avenida perpendicular a la de los Campos Elíseos no encierra nada extraordinario. Pero se la puede tomar para pasear tranquilamente hasta el puente del Alma, donde uno se embarcará en un *bateau-mouche* con el fin de descubrir París de otra manera.

El "V" es tal vez célebre por no depender del nombre del soberano. No queda sino la cifra simbólica con la forma de la "V" de la victoria, en el límite mucho más expresivo que un número en el orden de la dinastía. "V" se lee como la metonimia del lujo, una invitación a celebrar los placeres de la mesa al mismo tiempo que aquellos, muy parisienses, de un hotel de sueño. ¡Démosle gracias al primero de los Windsor!.

Son of King Edward VII, author of the Entente Cordiale with France (1904), George of Hanover Saxony-Cobourg was born in London in 1865; crowned King of Britain and Ireland in 1910, he was also emperor of the Indies, as was his illustrious grandmother, Victoria, who died at the turn of the century. In 1917, Edward changed the name of the dynasty, which had reigned since 1714 with the advent of George I, to "Windsor". The British empire participated victoriously in the First World War, for which reason the name of the ruler was given to an avenue in Paris in 1918. King George died the year of the Popular Front, in 1936. Apart from the famous hotel, inaugurated in 1928, this avenue, perpendicular to that of the Champs-Elysées, did not harbor anything noteworthy. But it is possible to follow it to stroll quietly to the Pont de l'Alma (Alma Bridge), where one can board a bateau-mouche (river-boat) in order to discover Paris from a different angle.

"Le V" is undoubtedly famous enough to eliminate the sovereign's name. There remains only this symbolic number in the form of a V for victory, perhaps more expressive than a number in the order of the dynasty. "V" can be read as the metonymy of luxury, an invitation to celebrate the pleasures of the table at the same time as those very Parisian ones of a dream hotel. We can thank the first of the Windsors for this!.

Originalmente, el George V no era un hotel, sino una "private residence", para adoptar el término empleado por el *Daily Mail* en 1928, fecha de su inauguración. Propiedad de un rico norteamericano, Joel Hillmann, la construcción de nueve pisos de este enorme hotel particular se confió a los arquitectos franceses Lefranc y Wybo. La prensa anglosajona calificó el estilo con matices de art déco como "estilo moderno francés". La clientela de alto nivel que lo frecuentaba buscaba lo que en la actualidad aún encuentra en él: lujo, elegancia, perfección. El costo de la construcción fue colosal: 60 millones de francos. Los apartamentos de cuatro habitaciones que se rentaban en 150 francos poseían el confort de un baño, todavía raro para la época en los hoteles de lujo. André Terrail, el primer director general, era igualmente propietario de La Tour d'Argent. Por consejo de Hillmann, se introdujeron platillos tradicionales de la cocina norteamericana en la carta para satisfacer a la clientela del otro lado del Atlántico. Estrechamente ligado ya a los servicios marítimos de Cherbourg y El Havre, el George V puso en funcionamiento el 10 de abril de 1930 un servicio de taxis aéreos: enlaces con París, Madrid,

EL GEORGE V
THE GEORGE V

LE CINQ

Originally, the George V was not a hotel but a "private residence", to borrow a term used by the Daily Mail in 1928, the date of its inauguration. The property of a rich American, Joël Hillmann, the construction of this enormous private hotel on nine floors was entrusted to the French architects Lefranc and Wybo. The style, tinted with Art Déco, was described by the Anglo-Saxon press as being "French modern style". The upscale clientele that patronized it were looking for what they still find here today: luxury, elegance, perfection. The cost of the construction was enormous: 60 million francs. The four-room apartments renting for 150 francs had the added comfort of a bathroom, which was still rare in luxury hotels. André Terrail, the first general director, was also owner of the Tour d'Argent. On Hillmann's advice, some traditional dishes from American cuisine were introduced into the menu in order to satisfy the clientele from across the Atlantic. Already closely connected to the ocean liner services in Cherbourg and Le Havre, the George V set up a taxiplane service on April 10, 1930, linking Paris, Madrid, London, Berlin and also Deauville, Le Touquet and clubs of golf that were too far from Paris. Enlarged one year later by the construction of the "George V Apartments", the hotel every year welcomed residents benefiting from all services. Purchased by François Dupré, husband of the Singer heiress,

Londres, Berlín, pero también con Deauville, Le Touquet y los clubes de golf demasiado apartados de París. Ampliado un año más tarde con la construcción de los "apartamentos George V", el hotel albergaba al año a residentes que se beneficiaban de todos los servicios. Comprado por François Dupré, esposo de la heredera de la Singer, el hotel se enriquecerá con fastuosas colecciones que este hombre, apasionado del arte, adquirirá durante más de veinticinco años: pinturas de maestros, tapices preciosos, muebles raros, objetos de colección… El establecimiento transformado en hotel de gran lujo se convierte en símbolo de refinamiento y elegancia. Numerosas reuniones históricas se desarrollaron ahí: en febrero de 1929, el Comité de expertos encargado de la reglamentación de las reparaciones, dirigido por Owen Young se reunió ahí; el 30 de octubre de 1930 se celebra a Coste y Bellonte, vencedores del primer vuelo trasatlántico París-Dallas vía Nueva York; el general Eisenhower instaló en él su cuartel general en 1944; los presidentes Giscard d'Estaing, Mitterrand, Carter y Nixon dan ahí sus conferencias de prensa. Miembro desde 1999 de los líderes mundiales de hotelería de lujo, Four Seasons Hotels and Resorts, el George V es propiedad de Su Alteza el príncipe Alwalid de Arabia Saudita. La lista exhaustiva de las celebridades que se hospedan en el hotel es impresionante. Hagamos memoria: Marlene Dietrich, Greta Garbo, Jean Gabin, Gene Kelly, Gary Cooper, Vivien Leigh, Burt Lancaster, Liza Minelli, Sophia Loren, Sylvester Stallone, los Rolling Stones, John Wayne, el presidente Gerald Ford. El George V posee una atmósfera tan incomparable como inolvidable, el recibimiento en él es irreprochable y el servicio, el de un palacio sin defecto alguno. En cuanto al "V", lo rodea una aureola de tan justificada reputación que toda alabanza correría el riesgo de caer en el ridículo.

the hotel would be enriched by the sumptuous collections that this man, fascinated by art, would acquire over more than twenty-five years: masterpieces, precious carpets, rare furniture, collector's items. The establishment, now transformed into a luxury hotel, became a symbol of refinement and elegance. Several historic meetings took place there: in February of 1929, the Committee of experts in charge of the payment of reparations met there under the direction of Owen Young; on October 30, 1930, Coste and Bellonte, successful in the first Paris-Dallas transatlantic flight via New York, were fêted there; General Eisenhower established his headquarters there in 1944; Presidents Giscard d'Estaing, Mitterrand, Carter and Nixon gave press conferences there. A member since 1999 of the world leaders in the luxury hotel business, Four Seasons Hotels and Resorts, the George V is the property of His Highness Prince Alwalid of Saudi Arabia. The exhaustive list of celebrities who have stayed there is imposing. Let us recall, for the record: Marlene Dietrich, Greta Garbo, Jean Gabin, Gene Kelly, Gary Cooper, Vivien Leigh, Burt Lancaster, Lisa Minnelli, Sophia Loren, Sylvester Stallone, the Rolling Stones, John Wayne, President Gerald Ford. The George V possesses an atmosphere as incomparable as it is unforgettable; the reception there is impeccable and the service that of a flawless luxury hotel. As for "Le V", it is crowned with such a justified reputation that no praise could possibly do it justice.

INGREDIENTES:

BASE:
- 5 kg de recortes y caparazón de ave (fondo blanco)
- 5 manojos de berro
- 500 g de poros
- 200 g de cebollas
- 1,5 l de crema simple

GUARNICIÓN:
- 1/2 l de crema simple
- 300 g de caviar Sevruga

CREMA DE BERROS DE AGUA
CON CAVIAR SEVRUGA

PREPARACIÓN:

CREMA DE BERRO:
- Sudar la guarnición con las colas del berro.
- Rociar con un fondo blanco y la crema líquida, llevar al punto de ebullición, hacer una infusión durante 20 min. y pasar por el colador.

PURÉ DE BERRO:
- Cocer las hojas de berro durante 15 min. en agua con sal.
- Enfriar, escurrir, mezclar con el cortador de varillas y después pasar por un tamiz.
- Reservar.

PRESENTACIÓN:
- 1 taza de crema de berro bien caliente.
- 1 salsera de crema batida ligeramente sazonada con quenela de caviar Sevruga.
- Calentar la crema, añadir el puré y mezclar bien.
- Servir en taza (todo con poca sal) acompañado con una salsera que contenga la crema simple, después el caviar.
- Servir la crema en quenela con la crema de berro en el último momento.

Philippe Legendre

F. B.: ¿Qué idea tiene usted del gusto?

P. L.: Para mí, primero están las percepciones, y eso siempre es algo muy personal. Pienso que gracias a los sabores, nuestra profesión puede ayudarnos a comunicarnos con la gente que no tiene nuestra cultura, nuestra memoria, ni nuestra sensibilidad de gusto.

F. B.: ¿Cree usted que el gusto se educa?

P. L.: Pienso que hay una base personal, así como hay pequeñas cosas que con frecuencia varían según los individuos: cada uno es sensible a su manera, algunos lo son más al gusto. Pienso que después es necesario saber comunicar, compartir, como con cualquier otra emoción relacionada con los demás sentidos. Por ejemplo, uno puede pasar frente a una pintura sin fijarse por falta de conocimiento de ésta como de su autor. Sea lo que sea, hay que lograr comunicar una cultura; es un poco como una telaraña, se construye, se teje con el tiempo, gracias a la pasión, a la dedicación que ha conseguido transmitir. De la misma manera, en este establecimiento, tratamos de comunicar nuestro gusto, nuestra sensibilidad a los que nos rodean. Todo comienza por ahí. Por los más cercanos. Después de la cocina y el salón, vienen los clientes.

F. B.: ¿Cómo ve la cocina de nuestro tiempo?

P. L.: ¡Me cuesta trabajo proyectarla en el tiempo! De hecho, la cocina de hoy tiene muchas facetas, muchos aspectos. No pertenezco a una cocina un poco estereotipada, privada de toda evolución. En la actualidad, mucha gente se instala en la profesión sin tener el menor conocimiento de lo que acabamos de mencionar, ya sea el gusto o las emociones. Pienso que no se puede vender cualquier cosa sin creer en ella o sin emocionarse con ella. Hay una emoción intensa en nuestro trabajo. Otros tipos de restauración llamados "tendencias" pueden traducirse como cocina exótica. La cocina de los profesionales habla por sí misma, traduce al hombre. Cuando se conoce un poco el vino, se llega a concebir al hombre que lo hizo, que lo imaginó y que le da vida en la sombra. Pienso que la cocina es igual. Lo que es fabuloso, en Francia, es el hecho de que todavía haya profesionales capaces de emitir emociones. Evolucionar permite estar abierto a ciertas sensibilidades a las cuales ayer se era insensible.

F. B.: ¿Cuáles son sus principales fuentes de inspiración?

P. L.: La vida cotidiana. Primero trato de hacer un trabajo en común para enseñarles a mis muchachos cómo hacer una carta con bases, con reglas. Me inspiro en lo que he vivido. El recuerdo de emociones pasadas puede convertirse en un platillo. Hay platillos que comió hace quince años a los cuales nunca les puso atención y

F. B.: What is your opinion of taste?

P. L.: To me, perception comes first of all, and it's always very personal. I think that, thanks to flavors, our profession can help us to communicate with people who don't have our culture, our memory, or our sensitivity to taste.

F. B.: Do you believe that taste is taught?

P. L.: I think there's a personal basis, like every small thing that is often different for everybody: each is sensitive in his own way, some are more sensitive to taste. I think it's still necessary to know how to communicate, and share, as it is for any emotion related to the other senses. You can for example go past a painting without noticing it, from a lack of familiarity with it or its painter. Be that as it may, you have to manage to communicate a culture; it is a little like a spider's web: it's made, woven with time, thanks to the passion, the application that one has succeeded in transmitting. In the same way, in this establishment, we try to communicate our taste, our sensitivity to those who surround us. Everything begins with that, with the closest ones. After the kitchen and the dining room come the customers.

F. B.: How do you view cuisine in our time?

P. L.: It's hard for me to project it ahead in time!. In fact, today's cuisine represents several facets, several aspects. I don't belong to a stereotyped kitchen, without any evolution. Today, a lot of people move in to the profession without having the least knowledge of what we just mentioned, either taste or emotions. I believe you can't sell something without believing in it and without being moved by it. There is intense emotion in our work. Other types of restaurants called "trendy" can be translated as an exotic cuisine. The cuisine of professionals speaks for itself, it translates the man. When you know wine a little, you manage to conceive the man who made it, dreamt it up and made it live, in the dark. I think that cuisine is the same. What's fantastic, in France, is the fact that there are still professionals capable of emitting their emotions. Evolving enables you to

sin embargo, se le quedaron en la memoria. Un día, le vuelven a la mente y los traduce de otro modo.

F. B.: Usted es de origen vandeano: ¿qué influencia ha tenido esto en sus elecciones culinarias?

P. L.: Ninguna influencia culinaria, sino en cierta línea de conducta, en reglas de vida, el respeto a los demás y sobre todo la humildad son para mí valores esenciales. En la restauración, en la cocina, lo que a uno le gusta es cocinar, a uno le gusta dar felicidad en la mesa. Si a uno no le gusta compartir ¡no hay que dedicarse a esto! Nuestra profesión sufre, está abismada porque muchos no tienen este sentimiento. No son profesionales y sin embargo, abrazan la profesión. Hay que decirlo alto y claro: nuestra profesión no está hoy en día lo suficientemente preservada, demasiadas personas que tienen restaurantes no conocen estas emociones. Le pongo un ejemplo, una imagen: uno no compra una pintura así nada más. Algunos están a tal grado imbuidos de sí mismos que lo que quieren por encima de todo es que se sepa el precio del lienzo que compraron. Lo único que respetan es el precio. En cocina, usted traduce lo que tiene en el corazón, en la cabeza; trata de transmitirlo, sencillamente. Cuando a uno le gusta este trabajo, no puede permanecer insensible a los olores, a los sabores; uno se acuerda de los que sintió cuando todavía era un niño. No sé si eso es lo que me ha hecho avanzar, progresar. En todo caso, es lo que ha retenido mi mente. Recuerdo un momento en que... y, porque me dedico a este trabajo, esto contribuye a darme una línea de conducta.

F. B.: ¿Cuáles son sus principales maestros? ¿Lo marcó un chef desde el principio de su carrera?

P. L.: Sí, un hombre me hizo comprender lo que era el oficio, puesto que hay un mundo entre las ideas y la realidad. Era un chef muy honesto, muy animoso, un muy buen profesional que me abrió verdaderamente el teatro en el cual entré. Fue el Sr. Garguiyo Carnine, y era de origen italiano.

F. B.: Usted ya tenía ideas, principios...

P. L.: ¡Las bases las aprendemos todos los días! Pienso que cada casa ofrece algo que hay que retener. Lo que importa son los comportamientos de los hombres y las atenciones que le manifiestan en una cocina, no es un HOMBRE, sino un EQUIPO lo que cuenta.

F. B.: En el campo de las artes ¿cuál le llama más la atención?

P. L.: Para mí, hay un gran arte, es la familia. Ella es la que lo lleva a estar bien en lo que uno hace no digo "excepcional", eso no existe. Le hablo de equilibrio. Para mí, eso significa que reconocer el arte de una mujer, de un niño, le da un equilibrio.

F. B.: ¿Cuál fue su reacción cuando le anunciaron su tercera estrella? ¿Se la anunciaron directamente?

be open to certain sensitivities to which you were insensitive yesterday.

F. B.: What are your main sources of inspiration?

P. L.: Everyday life… I first try to do the same job in common, to teach my team how to make a menu with bases and rules. I'm inspired by what I've experienced. The remembrance of past emotions can become a dish. They're the dishes you ate fifteen or twenty years ago, that you never paid attention to, and yet, they remained in your memory. One day, they come back to mind and you translate them in a different way.

F. B.: You are a native of the Vendée: what influence has that had on your culinary choices?

P. L.: No culinary influence, but on a certain line of behavior, rules for living. Honesty, work, respect for others, and above all humility are to me essential values. In the restaurant business, in cuisine, what you want to do is cook, you like to give enjoyment at the table. If you don't like sharing, you shouldn't be in this business! Our profession suffers, it's damaged because many don't have this feeling. They aren't professional and, yet, they take up this profession. It should be said loud and strong: our profession is not, today, preserved enough; too many people who have restaurants are ignorant of these emotions. I'll give you an example, an image: you don't buy a picture just like that. Some people are so filled with themselves that they just have to make known the price of the canvas they bought. They only respect the price. In cuisine, you translate what you have in your heart, in your head; quite simply, you try to transmit it. When you love this business, you can't remain insensitive to the odors, the flavors; you remember all those you smelled and

P. L.: ¡Sí, a las 23:30 horas! Dejé que se acabara el servicio, después rocié a todos de champaña como después de la victoria en una carrera automovilística. Es emotivo, muy fuerte. Pienso que en el silencio y la mirada es donde la gente traduce sus emociones y no en los gritos.

F. B.: ¿Cuáles son sus especialidades favoritas?

P. L.: Una alianza entre el río y el mar, es uno de mis bebés; entre lo salado y lo condimentado con pimienta, entre lo caliente y lo frío. El caviar debe incorporarse en el último momento a una crema de berros muy caliente. Estamos en presencia de un choque térmico, hacer que los granos de caviar fríos estallen bajo el paladar e integrarlo a la crema de berros muy caliente. Logrado, el platillo da mucha emoción, entre sal y sabor que se unen muy bien a lo picante del berro.

F. B.: Si tuviera que escoger un lema ¿cuál sería?

P. L.: ¡Respeto! Simplemente. Eso quiere decir "conservar la humildad". El trabajo de equipo lo lleva a ser el abanderado de los que trabajan con usted. Ser respetuoso es saber compartir. La simplicidad también es una palabra importante. Esas tres estrellas no son una herencia, sino un trabajo de equipo que le enseña a mantenerse simple, verdadero, modesto.

tasted when you were still a kid. I don't know if that's what made me advance, progress. In any case, it's what my mind has retained. I remember a moment when… and, because I'm in this business, that helps give me a line of conduct.

F. B.: Who are your main teachers? Did any one chef influence you from the beginning of your career?

P. L.: Yes, one man made me understand what this business was, because there is a world of difference between ideas and reality. He was a very honest, very courageous chef, a very good professional who really opened up to me the theater I had entered. He was Italian born and his name was Mr. Garguillo Carnine…

F. B.: You already had ideas, principles…

P. L.: We learn the bases every day! I think every establishment offers something worth keeping. What's important is men's behavior, friendship and the consideration you can witness; what counts is not ONE man but a TEAM.

F. B.: In the area of the arts, which one attracts you the most?

P. L.: To me, there is one great art, which is the family. That's what helps you be good at what you do, I won't say "exceptional", that doesn't exist. I'm speaking of balance. To me, that means that to recognize the art of being a woman, a child, gives you balance.

F. B.: What was your reaction when you were told about your third star? Did they tell you directly?

P. L.: Yes, at 11:30 at night! I let them finish up the service, then I sprayed everybody with champagne like after winning a car race. It's emotional, very strong. I think that people translate their emotion by their silence, by a look, and not in their shouting.

F. B.: What are your favorite specialties?

P. L.: A combination of sea and river is one of my babies; between salty and peppery, between hot and cold. Caviar has to be added at the last moment to a very hot cream of cress. We are in the presence of a thermal shock; making the granules of caviar burst under the palate and blending it into the very hot cream of cress. If it's successful, the dish gives a lot of emotion, between salt and flavor which combine very well with the pepper of the cress.

F. B.: If you had to choose a motto, what would it be?

P. L.: Respect! That's all. It means "remaining humble". It is the team work that leads you to be the standard bearer for those who work with you. Being respectful is knowing how to share. Simplicity is also an important word. These three stars are not an inheritance but earned by a teamwork that teaches you to remain simple, authentic, modest.

INGREDIENTES:
- 1 langosta de 3 kg
- 200 g de puré de chícharos
- 100 g de chícharos guisantes
- aceite de oliva
- 100 g de trufa picada
- 200 g de crema simple
- 5 cucharadas de jugo de trufa
- 12 g de mantequilla blanda
- 180 g de mantequilla
- 50 g de fondo de pato
- 30 g de parmesano

PASTA PARA RAVIOLES (dejar reposar una noche):
- 100 g de harina de trigo
- 1 yema de huevo
- 1 g de sal
- 2 cucharadas de aceite de oliva

CALDO CORTO:
- 2 zanahorias en rebanadas
- 2 chalotas en rebanadas
- 1 ramita de apio
- 5 g de pimienta blanca
- 1 brizna de tomillo
- 1 dl de vinagre de vino
- 300 g de sal de mar gruesa
- 5 l de agua
- cocer todo a punto de ebullición durante 5 min.

MANJAR DE LANGOSTA
Y CHÍCHAROS EN VINAGRETA TRUFADA

PREPARACIÓN:
- Desprender la falange central de la cola de la langosta que está unida a la tripa, jalando con fuerza (ésta debe salir también).
- Atar la langosta con un cordel sobre una plancha antes de cocerla, luego sumergirla durante 15 minutos en un hervor suave en el caldo corto.
- Después de haberla dejado reposar durante 30 o 40 minutos, desprenderle la cola.
- Quitar y sobre todo, no guardar, el caparazón superior de la cabeza.
- La parte inferior se triturará y luego se pondrá en agua hasta quedar cubierta en una cacerola.
- Cocer con un hervor suave durante 15 minutos.
- Pasar por un colador de estameña, luego reducir a la mitad y finalmente añadir la crema.
- Continuar reduciendo durante 4 o 5 minutos más y luego, con una mezcladora, incorporar 100 g de mantequilla, 5 cucharadas de jugo de trufa. Sazonar todo al gusto.
- Conservar caliente en baño María.

- Después de haber dejado reposar la pasta una noche, extenderla muy finamente y cortarla en la forma deseada.
- Escalfar, unos segundos antes de poner el plato, en agua salada con aceite de oliva.
- Calentar el puré de chícharos y añadirle 50 g de mantequilla.
- Sazonar.
- Rebanar en 10 medallones de langosta y, el resto, cortarlo en dados grandes.
- En una sartén antiadhesiva con 30 g de mantequilla, reavivar a fuego lento los trozos de langosta sazonándolos por ambos lados, luego colocar en un lienzo.

PRESENTACIÓN:
- Disponer el puré de chícharos, así como los dados del crustáceo.
- Mezclar bien la salsa, cubrir todo, salpicar con trufa picada, cubrir con trozos de pasta que se bañarán con el fondo de pato reducido y parmesano finamente rallado.

INGREDIENTES

RUIBARBO ESCALFADO:
- 500 g de agua
- 165 g de azúcar
- 1 vaina de vainilla
- 500 g de ruibarbo

JUGO DE FRESAS AL TÉ:
- 400 g de agua
- 200 g de azúcar
- 30 g de té de frutas rojas
- 400 g de jugo de fresa
- 500 g de fresas *gariguettes*

FRESCURA *NOUGAT* NARANJA:
- 125 g de claras de huevo
- 45 g de azúcar
- 25 g de miel
- 3 láminas de gelatina
- 150 g de crema batida
- 1 cáscara de naranja
- 75 g de chispas de *nougat*

CLARAS A PUNTO DE NIEVE:
- 100 g de claras de huevo
- 50 g de azúcar

RUIBARBO JUSTE-POCHÉ

EN CONSOMÉ DE FRUTAS ROJAS, FRESCURA DE NARANJA Y NOUGAT

PREPARACIÓN:

RUIBARBO ESCALFADO:
- Hervir el jarabe. Poner en él el ruibarbo, lavarlo y cortarlo en bastones de 6 cm.

JUGO DE FRESAS AL TÉ:
- Hacer una infusión en el agua durante 6 minutos con el té y el azúcar; escurrir y luego mezclarla con el jugo de fresa.
- Cortar las fresas en rebanadas finas, macerarlas en el jugo del té.

FRESCURA *NOUGAT* NARANJA:
- Cocer juntos el azúcar y la miel a 121° C, vaciarlos en las claras montadas.
- Derretir la gelatina, mezclarla con las claras junto con la cáscara de naranja.
- En frío, mezclar esta última con la crema batida. Conservar muy frío.

CLARAS A PUNTO DE NIEVE:
- Montar las claras a punto de nieve, hacer un disco pequeño, hornearlas 8 segundos en el microondas.
- Salpicarlas con violetas cristalizadas y picadas.

L'Arpège

HÔTEL DE BIRON, MUSEO RODIN

BIRON PALACE, RODIN MUSEUM

Acabado en 1731 por Aubert para Abraham Peyrenc de Maras, el antiguo peluquero que se convirtió en relator del Consejo de Estado, el Hôtel de Biron lleva el nombre de Louis-Antoine Gontaut, duque de Biron, coronel de las guardias francesas, mariscal y par de Francia. Su sobrino, el duque de Charost, muere en él en 1800, víctima de la dedicación que manifiesta hacia los sordomudos atacados por la viruela. Seguidamente, el hotel se renta al cardenal Caprara, legado pontificio, que había consagrado a Napoleón I como rey de Italia; el príncipe Kouratine, embajador de Rusia, ocupa el lugar hasta 1811. Sophie Barat lo adquiere nueve años más tarde e instala en él un convento de las Damas del Sagrado Corazón de Jesús, congregación disuelta en 1904, cuando la separación de la Iglesia y el Estado. Auguste Rodin transforma en 1908 "el piso inferior y la planta baja del ala derecha junto con el salón central, cuadrado, en estudio", según R.M. Rilke, quien fue secretario del más célebre escultor de su tiempo. Colmado de honores por su gloria, el maestro, que entonces tenía 68 años, teme ser expulsado con los demás locatarios entre los que se contaron, en diferentes épocas, Matisse, Cocteau, Isadora Duncan... Rodin propone una transacción: "Dono al Estado toda mi obra, yeso, mármol, bronce, piedra, y mis dibujos... Y pido [...] conservar en el Hôtel de Biron, que será el Museo Rodin, todas estas colecciones, reservándome permanecer en él el resto de mi vida." Apoyado por políticos como Georges Clemenceau y Aristide Briand y por artistas como Apollinaire, Debussy, Romain Rolland, Anatole France y Monet, el Consejo de Ministros aprueba el proyecto en 1912. La Declaración de Guerra lo interrumpe, y la donación se vota en 1916. Amante de la belleza del lugar, Rodin muere el 10 de noviembre de 1910, poco después de haberse casado en Meudon con Rose Beuret, su vieja compañera. El actual museo es un remanso de paz donde numerosas esculturas, entre ellas *El pensador* y *La puerta del Infierno*, se exponen

Finished in 1731 by Aubert for Abraham Peyrenc de Maras, a former barber turned counsel in the Conseil d'État, the Biron Palace was named after Louis-Antoine Gontaut, Duke de Biron, colonel of the French Guard, Marshal and Peer of France. His nephew, the Duke of Charost, died there in 1800, victim of the devotion that he showed towards deaf-mutes struck down by smallpox. The residence was then rented to Cardinal Caprara, the papal legate, who had consecrated Napoléon I as king of Italy; Prince Kouratine, ambassador of Russia, occupied the premises until 1811. Sophie Barat acquired them nine years later and set up a convent for the Ladies of the Sacred-Heart-of-Jesus, a community that broke up in 1904, at the time of the separation of the Church and the State. In 1908, Auguste Rodin transformed "the downstairs and the ground floor of the right wing, with the square, central room, into a studio", according to R. M. Rilke, who was the secretary of the most famous sculptor of his time. Showered with honors, at the top of his glory, the master, then 68 years of age, was afraid of being evicted along with the other tenants (including, at different times: Matisse, Cocteau, Isadora Duncan). Rodin proposed a transaction: " I give the state all my work, plaster, marble, bronze, stone, and my drawings... and I ask (...) that all these collections be kept in the Biron Palace, which is to be the Rodin Museum, reserving the right to remain there all my life." Supported by politicians such as Georges Clemenceau and Aristide Briand, and creative people such as Apollinaire, Debussy, Roman Rolland, Anatole France, and Monet, the project was approved by the Council of Ministers in 1912.

en los jardines a la inglesa ornamentados con un vasto estanque. El aficionado al arte y la emoción sólo tiene que caminar unos pasos para pasar del Hôtel de Biron al Arpège, templo del buen gusto, de la sobriedad y de los sabores inéditos.

Interrupted by the declaration of war, the donation was voted through in 1916. In love with the beauty of the premises, Rodin died on November 10, 1910, shortly after having married his companion of many years, Rose Beuret, at Meudon. The present Museum is a haven of peace where many sculptures, including The Thinker *and* The Gates of Hell, *are exhibited in the English gardens, which are beautified by a huge pond. The lover of art and emotion has only a few steps to take from the Biron Palace to the Arpège, a temple to good taste, sobriety, and unique flavors.*

MUSEO DE RODIN

MUSEO DE ORSAY

Muy cerca del Museo Rodin se alza un establecimiento modestamente designado como "Casa de Cocina", Alain Passard, chef de incomparable inventiva, dirige desde hace 16 años el antiguo restaurante de su maestro, Alain Senderens; una nueva enseña muy personal, "L'Arpège", celebra su segunda pasión: la música. Todo aquí se sitúa bajo el signo de la armonía: un marco de tendencia *art déco* depurado, paredes cubiertas con piel de peral con la firma de Jean-Christophe Plantrou, mobiliario de ébano de Macasar, butacas tapizadas en piel lisa, ventana que ondula suavemente gracias a las olas de vidrio de Bernard Pictet, pátina de Venecia en la que la luz toca un solo de virtuoso, porcelana inmaculada sobre lino blanco; todo concurre para dejar que el platillo se exprese para nuestro mayor placer. Ni una sola nota en falso en la sinfonía de sabores que estalla bajo el paladar; arte delicado del contrapunto en el que el tema principal sugiere su intimidad. A Passard le gusta el arte del fuego, la cocción perfecta, el respeto a la autenticidad, se encariña con las legumbres por su frágil belleza, por la dificultad de preservar la originalidad de su esencia. El chef orquesta la emoción del comensal bajo la mirada de

DIVERTIMENTO MAJESTUOSO
DIVERTIMENTO MAJESTUOSO

L' ARPÈGE

Just near the Rodin Museum stands an establishment modestly called a "Cookery House"; Alain Passard, a chef of incomparable inventiveness, has run his teacher Alain Senderens's former restaurant for 16 years; a new, very personal signboard, "L'Arpège", extols his second passion, music. Everything here is placed under the sign of harmony: a setting of a refined "Art Déco" tendency, walls covered with a peartree skin signed Jean-Christophe Plantrou, furniture of Macassar ebony, armchairs upholstered in smooth leather, a window gently undulating in glass waves made by Bernard Pictet, Venetian patina where light plays a virtuosic solo, and immaculate china on white linen; everything combines to allow the dish to express itself for our greater pleasure. Not a single false note in the symphony of flavors bursting under the palate; a delicate art of counterpoint in which the main theme suggests intimacy. Passard likes the art of the stove, perfect cooking, respect for authenticity. He loves vegetables for their fragile beauty and the difficulty involved in preserving the originality of their essence. The chef orchestrates the guest's emotion under the gaze of his grandmother Louise, the only painting on the premises, a reference to the inheritance received. Searching

su abuela Louise, única pintura del lugar, referencia a la herencia recibida. En búsqueda constante, Passard no duda en cuestionar todo: se trata menos de renovarse que de ir al fondo de su pasión. Conocer las materias primas y su solfeo, salir de la trivialidad, de los caminos trillados, le permite abrir una vía nueva hacia un mayor encanto cada vez. "Nada en demasía", antiguo lema del que se apropia el elegido de su mesa, emocionado por la sensación de lo único esencial que el maestro ordena con delicadeza. El tríptico de Lalique simboliza de maravilla la tonalidad, la línea melódica que deja fascinado al amante de los manjares raros; las "Bacanales" incrustadas en la pared se extienden de placer, puesto que comer es tanto una fiesta como una ceremonia en la que se exaltan los sentidos.

constantly, Passard does not hesitate to call everything into question: the point is less about renewing than about plumbing the depths of his passion. Knowing the raw materials and their solfege, getting away from clichés, from beaten paths, enables him continually to blaze a new trail toward ever more enchantment. "Nothing in excess", an old motto that the chosen one of his table appropriates, moved by the sense of the unique essentials that the master orders with delicacy: the Lalique triptych symbolizes marvelously well the tone, the melodic line, that leaves the lover of rare dishes spellbound; the "Bacchanalia" inlaid in the partition stretch with pleasure, because eating is a feast as much as a ceremony in which the senses are exalted.

INGREDIENTES:
- 3 zanahorias con las hojas
- 1 zanahoria amarilla
- 2 zanahorias cascabel
- 1/2 nabo
- 50 g de apio-nabo
- 1/2 cebolla dulce
- 1 chalota gris
- 1 diente de ajo violeta
- 5 tomates *cherry*
- 3 rábanos rojos
- 50 g de betabel
- 1 rábano negro
- 1 rama de verbena
- 150 g de mantequilla salada
- 1 cucharada de vinagre balsámico de 25 años de añejamiento

SÉMOLA:
- 50 g de sémola extrafina
- 1/2 cucharadita de aceite de Argán
- 1/2 cucharadita de mantequilla salada
- 1 pizca de flor de sal
- 1 chorrito de aceite
- 10 cucharadas de agua caliente

SALSA DE PEREJIL:
- 100 ml de agua
- 100 g de perejil liso
- 1 pizca de flor de sal
- unas gotas de jugo de limón
- mantequilla salada

PARA SERVIR:
- 6 almendras enteras
- 1 rama de flor de eneldo
- 2 hojas de armuelle o bledo
- 1 hoja de acedera

JARDINERA DE LEGUMBRES ARLEQUÍN

PREPARACIÓN:
- Lavar y pelar las zanahorias, los nabos, el apio-nabo y los rábanos, cocerlos por separado en agua y mantequilla salada.
- Reservar 100 ml del jugo de las cocciones.
- Confitar los tomates *cherry* en la mantequilla salada.
- Cocer el ajo en el agua con la mantequilla, así como una rama de verbena.
- Cortar la cebolla y la chalota en dos y luego confitarlas en la mantequilla salada.
- Cocer el betabel en el agua con vinagre balsámico y dos terrones de azúcar.

SÉMOLA:
- En una cacerola, poner la sémola, la mantequilla salada y el aceite de oliva, calentar todo revolviendo con un batidor e incorporando progresivamente el agua caliente. Vaciar nuevamente.

SALSA DE PEREJIL:
- Poner en una cacerola el agua y la mantequilla hasta que rompa el hervor. Vertir en la licuadora el contenido añadiéndole el perejil, la flor de sal y el jugo de limón. Mezclar todo y pasar por un colador fino.

PRESENTACIÓN:
- Cortar cada legumbre en trozos.
- Ponerlas en una cacerola y añadir una cuchara del jugo de la cocción de las legumbres, así como una cucharada de mantequilla salada y unas gotas de jugo de limón.
- Recalentar todo, rotando las legumbres en la sartén, con el fin de que puedan glasearse.
- Disponerlas en el plato y rodearlas con la salsa de perejil.
- Poner en el plato las almendras, así como los aromáticos (eneldo, armuelle, acedera).
- Poner un velo de sémola, previamente impregnado con el aceite de Argán, sobre las legumbres.

Alain Passard

F. B.: ¿Estima usted que la cocina es un arte?

A.P.: En cierto modo. Esto nos acerca un poco a la pintura; tenemos en verdad la sensación de estar trabajando con una paleta de colores, de crear con respecto a ellos. Ahí está, a mi entender, el punto común entre el pintor y el cocinero; con la cocina animal es más difícil, pero con la vegetal, tengo la impresión de que me estoy acercando verdaderamente a la pintura. Tengo la convicción de que la cocina es como un estudio de pintura, los cocineros se vuelven coloristas, es extraordinario.

F. B.: ¿Qué piensa del gusto?

A.P.: En alguna parte, me quedé con la idea que tenía antes. En un platillo, el gusto sigue siendo la prioridad; para mí, el "choque gustativo" es el más fuerte, es una emoción, la lectura del paladar le agrega, pero tengo igualmente la impresión, en el momento que estoy hablando con usted, de no haber logrado aún definir en realidad lo que es el "verdadero gusto". Todavía me queda un margen de progresión por franquear, porque no estamos sino al principio de lo que podemos encontrar y, lejos de desmoralizarme, la idea me entusiasma. Según yo, los grandes platillos son platillos muy simples que traducen el respeto que debemos tener a la materia que estamos trabajando. Quiero decir que no debemos brutalizarla, sino dejarle sus propias impresiones. Es exactamente lo que pasa con los colores: un rojo es un rojo, el azul debe seguir siendo azul.

F. B.: ¿Cómo ve usted la cocina de nuestro tiempo?

A.P.: Creo que es muy difícil de definir, primero porque evoluciona poco a poco y, entre las evoluciones, algunas no son nada buenas. La cocina está sometida a

F. B.: Do you consider cuisine to be an art?

A.P.: In a way. It makes us similar to artists; we really have the feeling we're working with a palette of colors, creating around them. That is, in my opinion, the common point between the painter and the chef; with meat cookery, it's more difficult, but with vegetable, I have the impression I'm really close to painting. I have the conviction that cooking is like an art studio, chefs become colorists, it's extraordinary.

F. B.: What do you think of taste?

A.P.: Somewhere I've kept the idea I once had. In a dish, taste is still the priority; for me, the "taste impact" is strongest, it's an emotion, the reading of the palate in short, but I also have the impression, at the moment I'm speaking to you, that I've not yet succeeded in really defining what "real taste" is. I still have a way to go in my progress, because even now we're only at the beginning of what we can find and, far from demoralizing me, this idea fills me with enthusiasm. In my opinion, great dishes are very simple dishes that show the respect we should show toward the material we work with. I mean that we shouldn't mistreat it, but rather allow it to have its own expressions. It is exactly the same as with colors: a red is a red, a blue should remain blue…

F.B.: How do you view the cuisine of our time?

A.P.: I believe that it's very difficult to define, first of all because it's evolving little by little, and some evolutions are not at all good. Cookery is subject to influences some of which are not very well controlled. I would add that savoir-faire is essential. Above all we need people with talent. It is absolutely necessary for the chef to be a man of subtlety, precision, and an infinite amount of rigor. We should pay a lot of attention to these qualities, so they won't be lost. I think there will always be talented people. Tomorrow's cuisine will, in my opinion, be very difficult to define, we don't know that its limits will be.

F.B.: What are your main sources of inspiration?

A.P.: Shapes, the design of vegetables, colors, grain, substance; eggplant skin is perfectly smooth, that of a cauliflower is granular, the curve of an eggplant gives me ideas, but so do aromas, flavors, and, as I mentioned, colors. It's probably not a coincidence that I like sculpture.

F.B.: Has your native Brittany influenced you?

A.P.: It is essential to have been raised with a respect for good products. My grandmother was cautious in her purchases. I've always lived in a world of quality, I've always worked with beautiful things. I think it's very important for a child; I don't believe I've ever seen a bad fish, I don't know what a poor quality turbot looks like.

F.B.: Who were your teachers?

A.P.: There isn't any single one ahead of the others; I believe

influencias entre las cuales algunas no están bien dominadas; añadiría que el *savoir faire* es básico, ante todo necesitamos gente con talento. Es absolutamente necesario que el cocinero siga siendo un hombre de sutileza, de precisión, con un rigor infinito. Debemos poner mucha atención en esas cualidades para que no se vayan a atenuar. Pienso que siempre habrá gente talentosa. La cocina del mañana será muy difícil de definir, en mi opinión, no sabemos cuáles serán sus límites.

F. B.: ¿Cuáles son sus principales fuentes de inspiración?

A.P.: Las formas, el diseño de las legumbres, los colores, el grano, la materia; la piel de una berenjena es perfectamente lisa, la de una coliflor es granulosa, la curva de una berenjena me da ideas, pero también lo hacen los aromas, los sabores y, como le decía, los colores. Tal vez no sin razón me gusta la escultura.

F. B.: ¿Ha influido en usted su Bretaña natal?

A.P. : Es esencial haber sido criado en el respeto a los productos buenos. Mi abuela era muy minuciosa para sus compras. Siempre viví en un mundo de calidad, siempre trabajé cosas bellas. Creo que nunca vi un pescado malo, y que es muy importante para un chico no saber a qué se parece un rodaballo de mala calidad.

F. B.: ¿Quiénes fueron sus maestros?

A.P.: Ninguno aventaja a los otros; creo que es un conjunto, un grupo de nombres, de personalidades que me enseñaron a trabajar: Bocuse, Guérard, Girardet, Sanderens, Boyer en Reims. Como ve ¡en total son muchos! Sea lo que fuere, no podemos permanecer insensibles a lo que pasa antes de nosotros.

F. B.: Si viniera un joven a pedirle consejo, ¿qué le diría?

A.P.: Comenzaría por decirle: ¡busca chefs que se complementen! Algunos son más tradicionales, otros son más creativos, lo mejor es tratar con todos. En lo que respecta a la tradición, están los que se especializan en asados, en salsas; en lo que concierne a los creativos, encontramos chefs que sobresalen en el arte de imbricar los sabores, los aromas, es necesario pues tratar de codearse con las dos escuelas, de tomar la tradición como base y consagrarle una decena de años, de tratar con la escuela del fuego, que sabe cómo cocer, conocer cómo darle el punto a las salsas, el gesto, la armonización, y una vez adquiridas todas esas experiencias, lanzarse.

F. B.: ¿Cuál fue su reacción con el anuncio de la primera estrella Michelin?

A.P.: Se piensa en todos los que le han permitido estar ahí. En la pasión que le

that it's a collection, a group of names, personalities who've taught me to work: Bocuse, Guérard, Girardet, Sanderens, Boyer in Reims... You see, it ends up being a lot of people! Whatever it is, we can't remain insensitive to what's happened before us.

F. B.: If a young person came to ask you advice, what would you tell him?

A.P: I would start by telling him: find chefs who are complementary! Some are more traditional, some are more creative, the best would be to work with them all. In what comes under tradition, there are roasters, and sauce chefs; and as for the creative ones, we find chefs who excel in the art of combining flavors, aromas. So you have to try to be familiar with both schools, take tradition as a basis, dedicate about ten years to it, work with the stove school which teaches how to cook, know how to put the finishing touches to sauces, the gesture, the harmonization, and once all these experiences have been acquired, to start out on your own.

F. B.: What was your reaction to the announcement of the first Michelin star?

A.P: You think about all those people who helped you get there. About the passion they transmitted to you. At this moment for example I want to do everything, rediscover vegetables, give myself over completely to this new passion. We look for inspiration where it's to be found, in the products, in the care they

transmitieron. En este momento, por ejemplo, tengo ganas de hacer de todo, de redescubrir las legumbres, de entregarme por entero a esta nueva pasión. Vamos a buscar la inspiración ahí donde se encuentra, en los productos, en la precaución que nos piden, en la manera de tocarlos, de limpiarlos, en el arreglo. Me gusta ocuparme de eso personalmente porque me inspira. En cuanto a las estrellas, es algo muy emocional, la distinción no es personal, corona un trabajo de equipo, también el de los proveedores, el sentido que se tiene del manejo de una cocina, de un salón.

F. B.: Si tuviera que escoger un lema ¿cuál sería?

A.P. Buscar lo más posible el arte de conjugar los sabores... o "Mi pasión está en el fondo del plato."

require of us, in the way we touch them, peel them, in the final touches. I like to take care of this myself because it inspires me. As for stars, it's very emotional; this distinction is not a personal one, it crowns the fine team work, but also the suppliers, your sense of management of a kitchen, of a dining-room.

F. B.: If you had to choose a motto, what would it be?

A.P.: To find as much as possible the art of combining flavors. Or "My passion is at the bottom of the plate".

INGREDIENTES
- 1 betabel rojo de 300 g
- 2 k de sal gris de Guerande
- vinagre balsámico de Módena

PARA 2 PERSONAS

BETABEL ROJO EN COSTRA DE SAL

PREPARACIÓN:
- Disponer una base de sal gruesa de 4 cm de espesor en una plancha de horno.
- Colocar en ella el betabel y cubrir con la sal restante.
- Hornear durante dos horas a 150 °C.
- Una vez cocido, presentar la costra de sal a los comensales y romperla para servir.
- Cortar el betabel en cuatro partes iguales teniendo cuidado de quitarle la piel.
- Bañar el betabel con vinagre balsámico.
- Servir caliente.

INGREDIENTES:

- 4 tomates
- 200 g de manzanas
- 200 g de peras
- 75 g de piña
- 1 cucharada de salsa bruna
- 2 g de jengibre fresco
- 4 clavos de olor
- 1 g de canela
- 15 g de pasas de Corinto
- 2 g de cáscara de naranja
- 4 g de cáscara de limón
- 1 g de menta
- 10 g de nueces
- 10 g de almendras
- 10 g de pistaches
- 2 vainas de vainilla
- 1 naranja
- 4 bolas de helado de vainilla
- azúcar morena

TOMATE CONFITADO A LOS DOCE SABORES

PREPARACIÓN:

- Cincelar las manzanas, peras, piña, jengibre, nueces, almendras y pistaches.
- Picar las cáscaras de naranja y limón.
- Disponer en un cazo una película fina de azúcar morena para acaramelar y poner las manzanas, peras y piña y saltearlas a fuego vivo de manera que prácticamente se cuezan; incorporar igualmente en el cazo las cáscaras de naranja y limón, el jengibre, los clavos, la canela, las uvas secas, la menta cincelada, las nueces, las almendras, los pistaches y la vainilla.
- Poner este relleno en los tomates previamente pelados y despepitados, teniendo cuidado de hacer una abertura en la parte superior.
- Espolvorear ligeramente el cazo con azúcar, acaramelar, rociarlo con jugo de naranja y añadir la vaina de vainilla.
- Poner los tomates en el cazo y hornear a 200 °C bañando frecuentemente durante 5 o 7 minutos según el tamaño del tomate (es preferible utilizar tomates pequeños). Sirva con el jugo de la cocción y una bola de helado de vainilla.

SERVES 4

INGREDIENTS:
- 12 large scampi
- 250 gm spinach
- 2 dl fresh cream
- 2 eggs
- 50 gm flour
- 80 gm butter
- 1 tablespoon curry
- olive oil
- 30 gm sesame seeds
- salt
- icing sugar

SCAMPI FEUILLANTINE
WITH SESAME SEEDS AND CURRY SAUCE

INSTRUCTIONS:
- Shell scampi and keep cool.
- Clean, wash and dry spinach.

Feuillantine pastry:
- Mix flour with 2 egg whites, add pinch of salt and of icing sugar.
- Blend in 50 gm of melted butter. Knead well to mix.

Curry sauce:
- Melt knob of butter in a saucepan, add curry and cook one minute over high flame.
- Add cream and bring to boiling point.
- Cook about ten minutes on low flame and put through chinois.

To bake feuillantines:
- On buttered cookie sheet, arrange 8 discs of pastry approx. 8 cm in diameter and sprinkle sesame seeds on top.
- Bake in oven pre-heated to 425° F and remove when lightly browned.

To cook scampi:
- Salt scampi tails and sprinkle with curry.
- Fry very briskly in olive oil, 1 minute on each side.

To cook spinach:
- Fry spinach in beurre noisette, and salt.

TO SERVE:
- On each heated plate, place a bed of spinach and a feuillantine on top.
- Arrange scampi on this feuillantine, add some more spinach and place second feuillantine on top.
- Cover bottom of plate with curry sauce.

SERVES 4

INGREDIENTS:
- 4 duck fillets
- 600 gm white onions from Cévennes
- 3 lemons
- 150 gm butter
- 150 gm sugar
- 400 gm onion juice
- 1 fennel
- 20 gm coarse-ground black pepper
- goose fat
- thyme

FILLET OF PEKING DUCK
WITH ONION CARAMEL

INSTRUCTIONS:
Onion soubise:
- Thinly slice white onions and roast in goose fat in oven but without browning.
- Drain well and blend.
- At the last minute, add thyme.

Onion caramel:
- Make dry caramel.
- Deglaze with juice of lemon and moisten with onion juice.
- Let cook and stop cooking with cool butter.

Cooking:
- Roast duck fillets and let stand a few minutes.
- Glaze by coating with onion caramel.
- Season with black pepper.

TO SERVE:
- On warm plate, cover a quenelle with soubise, fillet of Peking duck and, for decoration, a sprig of fennel.
- Suggestion: a duck gravy may be prepared with the giblets.

SERVES 4

INGREDIENTS:
- 6 strawberries per person
- pistachio ice cream
Sablé pastry:
- 100 gm butter
- 100 gm sugar
- 120 gm egg
- 20 gm coarsely ground pistachios
Croustillant:
- 50 gm slivered almonds
- 100 gm castor sugar
- 40 gm flour
- 60 gm melted butter
- 1 tablespoon lukewarm water

FROZEN PISTACHIO CROUSTILLANT AND
GARDEN STRAWBERRY GIBOULÉE

INSTRUCTIONS:
- Knead all ingredients for sable pastry into a ball and set aside.
- Mix ingredients for croustillant and set aside.
- Roll out sablé pastry to cut out 4 12x5 cm rectangles.
- Bake in 350° F oven for 8 minutes.
- On buttered cookie sheet, roll out croustillant as thinly as possible into a 20x12 cm rectangle.
- Bake in 350 °F oven and while hot, cut out rectangles similar to those of sablé pastry .
- Wash and hull strawberries and fry briefly with a spoonful of sugar and a squirt of lemon.

TO SERVE:
- Arrange hot strawberries on sablé pastry and place light croustillant on top.
- Serve with a scoop of pistachio ice cream.

TAILLEVENT

SERVES 1

INGREDIENTS:
- 150 gm first quality flaky pastry
- 12 gm farmer's bacon
- 65 gm foie gras of duck preserved in fat
- 15 gm black truffle
- 50 gm confit cabbage
- 10 gm raw Bellota ham
- 10 dl veal juice
- 1 tablespoon juice from roast
- 1 egg yolk

SERVES 1

INGREDIENTS:
- 150 gm salmon steak
- 4 stalks green asparagus, raw
- 1 lemon
- 1 dl olive oil
- Fine salt, pepper from grinder,
- Coarse salt, coarsely-ground pepper
- 1 tablespoon béarnaise
- 5 gm white pepper
- Banyuls wine

SERVES 4

INGREDIENTS:
Passion cream mixture:
- 300 gm sugar
- 800 gm passion fruit purée
- 240 gm egg yolks
- 280 gm sugar
- 8 gm gelatin

Passion fruit caramel sauce:
- 1 *liter* passion fruit purée
- 200 gm sugar
- Strain, reduce, add citrus fruits

For soufflé:
- 80 gm plain confectioner's custard
- 40 gm passion fruit cream mixture
- 200 gm sweetened egg white

Sherbet coconut:
- 1 *liter* milk
- 250 gm fresh, shredded coconut

SMALL PASTRY TURNOVER WITH FOIE GRAS OF DUCK, BLACK TRUFFLE, GREEN CABBAGE AND COUNTRY-STYLE BACON

INSTRUCTIONS:
- Blanch cabbage cut into strips
- Cook with piece of ham and butter; 3/4 of the way through cooking, add 1 tablespoon juice from roast.
- Line a large cup with thin slices country bacon
- Assemble with cabbage, truffle, foie gras
- Fold over, thin slices bacon
- Keep in a cool place. The turnover is closed
- Place in puff pastry, prick and brown.
- Bake 12 minutes at 400° F
- Once baked, glaze
- Serve, separately, veal juice garnished with truffles

WILD SALMON FROM THE ADOUR SERVED PINK, RAW ASPARAGUS SCRAPINGS, REDUCTION OF A BEARNAISE AND BANYLUS.

PREPARATION:
- Cook pink salmon
- Cut asparagus tails in regular bâtonnets
- Cut asparagus heads lengthwise with mandoline
- Add lemon, olive oil, salt and pepper
- Arrange asparagus bâtonnets in crossed pattern on cooked salmon, then cover with asparagus heads
- Form a cordon of bearnaise to the left and a cordon of reduced Banyuls to the right.

PASSION FRUIT SOUFFLES ON A BANANA LEAF - COCONUT SHERBET

INSTRUCTION:
- Empty passion fruits.
- Fill 1/3 full with passion fruit cream.
- Cover with soufflé mixture.
- Place in 400° F oven.

TO SERVE:
- On a plate, arrange two passion fruit halves, accompany with coconut sherbet and decorate with caramel of passion fruit sauce.

SERVES 4

INGREDIENTS:
- 1 Breton lobster (450 gm)
- 1 pink and 1 white grapefruit
- 1 Granny Smith apple and 1 spring onion
- 1 bunch coriander
- 1 dl olive oil and 2 sheets gelatin
- 100 gm arugula
- 2 tomatoes
- 8 stalks green sparagus

LOBSTER CEBICHE AND ASPARAGUS TIPS, FROTHY GREEN APPLE JUICE

INSTRUCTIONS:
For the tomato tartare:
- Peel the tomatoes and cut into salpicon.
- Mince green onion and half the coriander, mix everything with 5 dl olive oil.
- Cook lobster 6 minutes in well-seasoned court-bouillon, cool and shell.
- Peel citrus fruits bare and separate segments.
- Slice lobster into medallions and mix with citrus fruit segments, remaining coriander and remaining olive oil.
- Cook asparagus and cut in lengths one centimeter long and add to lobster.
- Chill 20 minutes.
- Put apple through juice extractor, remove 1/3 of juice and bring to boiling point. Stir in two sheets of gelatin previously softened. Mix with cool juice and blend on high to obtain light, white froth. Keep chilled until served.

TO SERVE:
- Take 4 slightly flared glasses and fill, beginning with tomato tartare, then arugula sliced fairly thinly, then the mixture: lobster, citrus fruits, asparagus. At the last moment, top off with a teaspoon of frothy green apple juice. Serve well chilled.

SERVES 4

INGREDIENTS:
- 1 kg pork belly
- 20 cocktail tomatoes
- 1/2 bunch chervil
- 1/2 bunch basil
- 1/2 bunch chives
- 1/2 bunch tarragon
- Olive oil
- 1 garlic clove and 2 star anises
- Juice of 2 oranges
- 2 dl balsamic vinegar
Marinade:
- 150 gm honey
- 3 tablespoons soy sauce
- 1 tablespoon olive oil
- 1 garlic clove and 2 star anise
- 30 gm ginger and 10 cloves
- 1 cinnamon stick and 1 teaspoon pepper.

FARMER-STYLE PORK BELLY BRAISED-ROASTED WITH BALSAMIC VINEGAR AND FRESH HERBS.

INSTRUCTIONS:
- Mix cloves, star anise, cinnamon and pepper. Chop garlic. Peel and chop ginger, mix with soy sauce, honey and olive oil.
- Place pork belly in pan and cover with marinade and coat well. Cover with plastic wrap and leave in refrigerator 24 hours.
- At the end of 24 hours, take out belly, arrange it in oven dish, strain marinade over the top, add orange juice and balsamic vinegar,.
- Roast in oven at 300° F for an hour and a half, basting regularly, to caramelize slowly. Once cooked, add tomatoes and return to oven for 10 minutes. Remove from oven and take pork belly out, return juice to oven to reduce until slightly syrupy. Cut pork belly in 1.5 cm slices.

TO SERVE:
- Arrange on deep serving dish with tomatoes. Coat with juice and cover top of belly with mixture of herbs coated with a drop of olive oil.

SERVES 4

INGREDIENTS:
- 150 gm Arborio rice
- 400 gm coconut milk
- 3 dl whole milk
- 100 gm sugar
- 1/2 sheet gelatin
- Peel of 1/2 orange
- 1 cinnamon stick
- 1 vanilla stick
- Juice of 1/2 green lemon
- 1 mango
- Mint leaves
- Citronella leaves
- Brown sugar
- Water
- Pepper

RICE TIMBALE WITH COCONUT MILK AND CARAMELIZED MANGO

INSTRUCTIONS:
- Prepare syrup mixing brown sugar, water, peppers, peels; bring to boiling point and let steep.
- Bring milk to boiling point, add rice, vanilla, cinnamon, orange peel, and cook gently 35-40 minutes.
- Strain syrup and let it reduce until it acquires a syrupy consistence; add juice of 1/2 green lemon. Set aside.
- Peel and cut mango into fine strips, soak 30 seconds in spicy syrup and line timbale molds in which waxed paper has previously been placed.
- Once rice is cooked, remove orange peel and cinnamon, add sugar and gelatin.
- Fill timbale molds and chill.

TO SERVE:
- Once they are well chilled, turn out timbales, decorate with spicy juice and mint and citronella leaves.

GUY SAVOY

INGREDIENTS:
- 2 dozen No. 2 special oysters
- 2 dl fresh cream
- 1 calf's foot
- 2 carrots
- 1 onion
- 1 lemon
- 1 bouquet garni
- Pepper corns
- Spinach leaves

MATERIAL:
1 flared frying pan; 1 fine or chinois strainer; 1 bowl; 1 sauce pan; 1 whisk; 1 blender; 4 plates for serving.

OYSTERS IN ICED COURT BOUILLON

INSTRUCTIONS:
- Blanch calf's foot by placing it in saucepan of water and bringing to the boil. Remove and place in clear water to cook, with one carrot, small onion, bouquet garni, and pepper corns. Do not salt.
- Once cooked, the calf's foot will serve for another use.
- Save cooking juice put through chinois strainer, cool, and place jelly in refrigerator.
- Open oysters, saving water contained, in a bowl.
- Remove from shell with knife tip. Reserve 4 oysters per person in a cool place.
- Bring cream to a boil in frying pan, beating well, and cook for a few minutes. Remove from flame, add remaining oysters and reduce to purée using blender.
- Cover bottom of each plate with this cream. Let cool.

TO SERVE:
- Once cream is chilled and set in bottom of plate, arrange remaining oysters and sprinkle a little, very finely chopped, lemon pulp on top. Decorate with very finely minced spinach leaves placed on oysters and, between oysters, previously cooked, fluted carrots discs.
- Mix oyster water with calf's foot jelly to get a light, homogeneous jelly. Uniformly coat oysters and cream, and serve well chilled.

INGREDIENTS:
- 12 baby carrots
- 12 baby leeks
- 100 gm green beans
- 250 gm broad beans
- 250 gm green peas
- 100 gm snow peas
- 4 cabbage leaves
- 12 stalks ballet asparagus
- 3 to 4 large round turnips
- 1 broccoli
- 1 small bunch tarragon
- 30 coriander seeds
- 1 large tomato
- Olive oil
- Butter
- Salt and pepper
- Juice of 1 lemon
- Red beet and sweet potato crisps
- Young spinach shoots

MARKET GARDEN STEW WITH CORIANDER SEED

INSTRUCTIONS:
Peel and prepare vegetables:
- Peel carrots keeping some of top.
- Remove outside skin from leeks.
- Peel turnips giving them an oval shape.
- Cut broccoli into small flowerets.
- Remove ends from green beans and snow peas.
- Shell broad beans and green peas.
- Cut off hard stalk of asparagus.
- Remove thick ribs of cabbage leaves.

Cooking of vegetables:
- Cook carrots and turnips in salted water with small knob of butter.
- Refresh and save cooking water.
- Cook green vegetables separately in generous amount of salted water. Refresh.
- Remove skin from broad beans and green peas once cooked.
- Scald tomato, dice in small pieces and keep in cool place.
- Keep vegetables cool separately.
- Cut cabbage into 4 nice triangles.

Juice:
- Mix a little cooking water with carrots and turnips.
- Beat in butter and olive oil, and season with a little lemon.
- Add previously minced coriander and tarragon and then diced tomato.

TO SERVE:
- Cover bottom of plate with very hot juice.
- Attractively arrange vegetables, previously reheated in a little salted water and a knob of butter to glaze slightly.

DECORATION:
- Decorate with red beet and sweet potato crisps. Add young spinach shoots.

INGREDIENTS:
- 90 gm powdered hazelnuts (gross)
- 30 gm flour
- 30 gm powdered almonds
- 55 gm brown vergeoise (red beet sugar)
- 50 gm caster sugar
- 150 gm egg whites
- 70 gm chestnut vanilla custard from Piedmont
- 4 candied chestnuts from Piedmont
- 70 gm double cream from Normandy

SOFT HAZELNUT BISCUIT

INSTRUCTIONS:
- Mix powdered hazelnuts, flour, powdered almonds and vergeoise. Sift.
- At the same time, stiffly beat whites with castor sugar, then mix with powdered hazelnuts and sifted almonds.
- Bake *biscuit* in cake pan for 40 minutes in 350° F oven.
- After cooking, cut *biscuit* into slices inch thick, decorate, then toast.

TO SERVE:
- Place *biscuit* in center of plate, then make a beautiful marbled quenelle with chestnut cream and double cream.
- On edge of plate, arrange a candied chestnut and a caramel hazelnut.
- At moment of serving, sprinkle lightly with powdered hazelnut to spice up the dessert.

SERVES 10

INGREDIENTS:
Base:
- 5 kg of poultry carcass (white stock)
- 5 bunches cress
- 0.5 kg leeks
- 0.2 kg onions
- 1.5 l single cream

Garnish:
- 0.5 l single cream
- 300 gm sevruga caviar

CREAM OF WATERCRESS
WITH SEVRUGA CAVIAR

INSTRUCTIONS:
Cream of cress:
- Sweat garnish with tails from cress.
- Add white stock and liquid cream, bring to a boil and let steep for 20 minutes; then put through chinois strainer.

Cress purée:
- Cook cress leaves for 15 minutes in salted water.
- Cool, drain, blend with cutter then strain. Save.

TO SERVE:
- 1 cup very hot cream of cress
- 1 sauce boat lightly whipped cream seasoned with quenelle of beluga caviar
- Heat cream, add purée.
- Serve everything in cup (do not oversalt) accompanied by a sauce boat containing single cream and some caviar. Serve cream in quenelle with cream of cress at the last minute.

SERVES 5

INGREDIENTS:
- 3-kg lobster:
- 200 gm green pea purée
- 100 gm boiled green pea
- olive oil
- 100 gm chopped truffle
- 200 gm single cream
- 5 tablespoons truffle juice
- 12 gm soft butter
- 180 gm butter
- 50 gm duck stock
- 30 gm Parmesan cheese
  Dough for ravioles (let

rest overnight):
- 100 gm wheat flour
- 1 egg yolk
- 1 gm salt
- 2 tablespoons olive oil

Court bouillon:
- 2 carrots sliced thinly
- 2 shallots sliced thinly
- 1 small stalk celery
- 5 gm white pepper
- 1 sprig thyme
- 1 dl wine vinegar
- 300 gm coarse sea salt
- 5 l water

LOBSTER SWEETMEATS
AND GREEN PEAS WITH
VINAGRETTE GARNISHED WITH
TRUFFLES

PREPARATION:
- Remove central joint of tail that is joined to gut, pulling quite hard (this must come off with it).
- Tie lobster on board before cooking, then plunge in court bouillon and cook at slow boil for 15 minutes.
- After letting stand for 30 to 40 minutes, shell lobster tail.
- Remove and especially do not keep upper shell of head.
- The bottom part is to be coarsely ground, then placed in saucepan with water to cover.
- Cook at low boil for 15 minutes.
- Put through cheesecloth chinois, then reduce and finally add cream.
- Reduce for 4 to 5 minutes, then using a blender, add 100 gm of butter, 5 tablespoons truffle juice. Season whole to taste.
- Keep hot in *bain marie* (double boiler).
- After letting dough stand overnight, roll out very thin and cut in desired shape. Poach a few seconds before putting dish in salted water oiled with olive oil.
- Heat the green pea purée and add 50 gm butter. Season.
- Cut 10 nice medallions from lobster, the rest is to be coarsely diced.
- Return pieces of lobster to low flame, in stickproof frying pan with 30 gm butter, seasoning on both sides, then drain on cloth.

TO SERVE:
- In 10 large, deep plates, arrange in center whole green pea purée as well as the shellfish cut in large cubes.
- Blend sauce well, coat everything, sprinkle with chopped truffle, cover with pieces of lasagna previously brushed with reduced duck stock and finely grated Parmesan.

SERVES 8

INGREDIENTS:
Poached rhubarb:
- 500 gm water
- 165 gm sugar
- 1 vanilla pod
- 500 gm rhubarb

Strawberry juice with tea:
- 400 gm water
- 200 gm sugar
- 30 gm red fruit tea
- 400 gm strawberry juice
- 500 gm Gariguette strawberries

Fraîcheur of Orange Nougat:
- 125 gm egg whites
- 45 gm sugar
- 25 gm honey
- 3 sheets gelatin
- 150 gm whipped cream
- 1 orange peel
- 75 gm nougat chips

Stiff whites:
- 100 gm egg whites
- 50 gm sugar

RHUBARB JUST-POACHED
IN RED FRUIT CONSOMMÉ,
FRAÎCHEUR OF ORANGE AND NOUGAT

PREPARATION:
Poached rhubarb:
- Boil syrup. Immerse rhubarb, then peel and cut in sticks 6 cm long.

Strawberry juice with tea:
- Let tea and sugar brew in water for 6 minutes; drain then mix with strawberry juice.
- Cut strawberries in *aiguillettes*, macerate in tea juice.

Fraîcheur of Orange Nougat:
- Cook sugar and honey together at 250° F; pour over beaten egg whites.
- Soften gelatin, mix with egg whites and mix in orange peel.
- When cold, mix this mixture with whipped cream. Put in freezer.

Stiff whites:
- Stiffly beat egg whites, make small discs, cook 8 seconds in microwave oven.
- Sprinkle them with chopped, crystallized violets .